STUDIEN ZUR BUCHKUNST

Herausgegeben vom Bildarchiv zur Buchmalerei
der Universität des Saarlandes

Hans-Caspar Graf von Bothmer

KALILA UND DIMNA

Ibn al-Muqaffaʿs Fabelbuch
in einer mittelalterlichen Bilderhandschrift

Cod. arab. 616
der Bayerischen Staatsbibliothek München

DR. LUDWIG REICHERT VERLAG · WIESBADEN

CIP-Kurztitelaufnahme der Deutschen Bibliothek

Kalila und Dimna : Ibn al-Muqaffaʿ's Fabelbuch in e. mittelalterl. Bilderhs. ; Cod. arab. 616 d. Bayer. Staatsbibliothek München / Hans-Caspar Graf von Bothmer. – Wiesbaden : Reichert, 1981.
   (Studien zur Buchkunst)
   Einheitssacht. : Kalīla wa-Dimna ⟨dt.⟩
   ISBN 3-88226-117-X

NE: Ibn-al-Muqaffaʿ, ʿAbdallāh [Bearb.]; Bothmer, Hans-Caspar Graf von [Hrsg.]; EST

©1981 Dr. Ludwig Reichert Verlag Wiesbaden
Gesamtherstellung: Hubert & Co., Göttingen
Printed in Germany · Imprimé en Allemagne

Berichtigung:

CIP-Kurztitelaufnahme der Deutschen Bibliothek

Bothmer, Hans-Caspar Graf von:
Kalila und Dimna: Ibn al-Muqaffa''s Fabelbuch in e. mittel-
alterl. Bilderhs.; Cod. arab. 616 d. Bayer. Staatsbibliothek
München / Hans-Caspar Graf von Bothmer. — Wiesbaden:
Reichert, 1981.
(Studien zur Buchkunst)
ISBN 3-88226-117-X

NE: Kalila und Dimna; Kalīla wa-Dimna

Inhalt

Vorbemerkung

Die arabische Handschrift, die hier in einer Auswahl ihrer Bildseiten veröffentlicht wird, gehört zu den Kostbarkeiten orientalischer Buchkunst im Besitz der Bayerischen Staatsbibliothek in München.

Der hohe künstlerische Rang dieser Illustrationen rechtfertigt die Veröffentlichung ebenso wie die Tatsache, daß sie so gut wie unbekannt geblieben sind, und auch dem Spezialisten nur in wenigen Abbildungen zugänglich waren. Den ganzen Illustrationszyklus wiederzugeben verbot der teilweise schlechte Erhaltungszustand der Handschrift.

In zweifacher Hinsicht unterscheidet sich dieses Buch im Abbildungsteil von den meisten vergleichbaren Publikationen. Alle Abbildungen zeigen das ganze Blatt, so daß der Charakter der Bilder als Illustrationen deutlich, und das Verhältnis zum Text überprüfbar ist. Und es wird die Position jedes Bildes in der Handschrift berücksichtigt, aus der schon die Maler künstlerische Folgerungen gezogen haben. Entsprechend der Anordnung im orientalischen Buch beginnt der Bildteil hinten; jede verso-Seite wird rechts, jede recto-Seite links abgebildet. Gelegentlich sind, zur Wahrung der richtigen Position, reine Textseiten eingeschaltet worden.

Der Text hat seinen Schwerpunkt in der Frage, zu welchen Zielen die verfügbaren bildnerischen Mittel verwendet wurden, und wie groß die Genauigkeit der bildlichen Aussage auch bei einer sehr begrenzten Anzahl von Bildelementen sein kann.

Des Autors herzlicher Dank gilt Herrn Dr. Karl Dachs, in dessen Obhut sich die Handschrift befindet, und dem Verleger, Herrn Dr. Ludwig Reichert, für ihr verständnisvolles Eingehen auf seine Wünsche.

Geschichtlicher Hintergrund

Die islamische Welt hat im 13. Jahrhundert mit dem Mongolensturm eine gewaltige Erschütterung erfahren, die weitreichende und dauerhafte Veränderungen der politischen und kulturellen Verhältnisse im gesamten Vorderen Orient mit sich gebracht hat. Der Fall Baghdads, jahrhundertelang Zentrum der Macht, und noch lange darüber hinaus als Hauptstadt des Kalifats ideelles Zentrum der islamischen Welt, stellt den spektakulären Höhepunkt dieser Entwicklung, nicht aber ihr Ende dar. Den weiter nach Westen vordringenden Mongolen traten die Mamluken entgegen. Zwei Jahre nach dem Fall Baghdads, im Jahr 1260, wurde das bis dahin siegreiche Erobererheer bei ᶜAin Ǧālūt in Syrien geschlagen. In den folgenden Jahrzehnten griffen die Mongolen wiederholt syrisches Gebiet an, und konnten sogar im Jahr 1300 kurzfristig Damaskus einnehmen. Erst eine neuerliche vernichtende Niederlage im Jahr 1303 beendete den mongolischen Expansionsdrang endgültig; ein Vertrag, der die Verhältnisse besiegelte, wurde 1323 zwischen Mongolen und Mamluken geschlossen.

Neben dem erfolgreichen Zurückdrängen des Feindes aus dem Osten legte ein weiteres Ereignis den Grund für eine dauerhafte glückliche Entwicklung im östlichen Mittelmeerraum. Fast zweihundert Jahre lang waren die Kreuzfahrer in Syrien und Palästina gewesen, als es den Mamluken gelang, sie zu vertreiben. Der allmähliche Kräfteverschleiß der Franken – wie arabische Quellen die Kreuzfahrer nennen – hatte schließlich zu rapidem Verfall ihrer Macht, und, nachdem Akkon 1291 gefallen war, zur freiwilligen Aufgabe aller noch gehaltenen Festungen und Städte geführt.

Die Mamluken stellten eine Militärkaste dar, die sich aus – überwiegend turkstämmigen, und seit dem Ende des 14. Jahrhunderts tscherkessischen – Sklaven rekrutierte; sie hatten sich aus der Oberherrschaft der Ayyubiden gelöst und 1250 selbst die Macht übernommen, die sie bis 1517, als die Osmanen ihr Reich eroberten, in Syrien, Palästina und Ägypten halten konnten.

Durch ihre militärischen Erfolge waren die Mamluken zur politisch und kulturell führenden Macht im Nahen Osten geworden. Es begann eine lange Phase friedlicher Entwicklung, die heute noch durch den Reichtum ihrer künstlerischen Hinterlassenschaft in Erstaunen setzt.

Neben einer regen, und oft hektischen Bautätigkeit im Namen der Sultane und ihrer großen Emire, von der nicht nur das Stadtbild Kairos, sondern auch zahlreiche Städte Syriens Zeugnis geben, erlebte das Kunstgewerbe in allen Sparten eine Blütezeit. Mit prachtvollen Gläsern und reich dekorierten Metallarbeiten, mit herrlichen Stoffen und einer Keramik, die an der häufigen Verwendung der eigentümlichen Schrift- und Bildwappen der Mamluken unschwer zu erkennen ist, bestimmt mamlukische Kunst das Bild vieler Sammlungen islamischer Kunst. Von dem besonderen Rang, den unter den zu neuer Blüte gekommenen Künsten die Buchkünste: Kalligraphie, Buchmalerei und Einbandkunst eingenommen haben, kann die malerische Ausstattung des cod. arab. 616 der Bayerischen Staatsbibliothek eindrucksvoll zeugen.

Buch und Buchmalerei in der arabischen Welt

Die Muslime waren Erben antiker Hochkulturen, in denen die schriftliche Überlieferung eine große Rolle gespielt hat, und sie haben selber eine einzigartige Buchkultur geschaffen. Vornehmste Aufgabe jedes Schreibkundigen – vom berühmten Kalligraphen bis zum Herrscher – war die Abschrift des Korans, der dem Propheten offenbarten irdischen Fassung des seit Ewigkeit im Himmel in Buchform bewahrten göttlichen Worts. Daneben trat das Buch als Mittel zu Verbreitung und Aneignung überlieferten Wissens.

Frühe Kontakte zu China brachten den Muslimen die Kenntnis des Papiers, dessen Herstellung in vielen Teilen des Reiches bald einsetzte. Seit dem frühen 9. Jahrhundert hat es in Baghdad Papiermühlen gegeben, und etwa zur gleichen Zeit veranlaßten die ersten Abbasiden-Kalifen die systematische Sammlung griechischer, syrischer und persischer Literatur, an deren Übersetzung die Syrer ähnlich großen Anteil hatten wie später die Juden an der Transmission arabischer Gelehrsamkeit in das mittelalterliche Europa. Die unbegrenzte Verfügbarkeit wenig kostspieligen Schreibmaterials war zweifellos eine Voraussetzung für die Errichtung großer öffentlicher und privater Bibliotheken in allen Teilen der islamischen Welt, die oftmals hunderttausende von Bänden umfaßt haben – erstaunliche Zahlen, wenn man sie etwa mit den Bibliothekslisten der für die abendländische Geistesgeschichte bedeutendsten Klöster vergleicht.

Die Kulturen, deren Erbe der Islam antrat, kannten illustrierte Bücher. Spätantike Codices sind uns vereinzelt erhalten, vor allem aber in byzantinischen und mittelalterlichen Kopien überliefert. Über die Malerei der Manichäer gibt es wichtige Nachrichten, und wir kennen wenigstens Fragmente. Auch arabische Handschriften, die Übersetzungen enthielten, konnten illustriert sein, wie die literarische Überlieferung erkennen läßt; doch sind kaum Spuren davon übrig geblieben.

Soweit sich aufgrund weniger Dutzend erhaltener arabischer Bilderhandschriften sagen läßt, wurden nur ganz wenige Texte überhaupt illustriert. Die Überlieferung beginnt mit naturwissenschaftlichen Werken aus dem 5./11. Jahrhundert, astronomischen Traktaten in der Tradition des Ptolemäus, oder auf der „Materia medica" des Dioskurides basierenden Pflanzenbüchern. Trotz ihrer geringen Zahl belegen sie eindringlich, wie sehr die islamische Kultur weit über ihre Anfänge hinaus fremden Anregungen andauernd ausgesetzt war, und ihre eigensten Leistungen in fruchtbarer Auseinandersetzung mit ihnen erbracht hat. Illustrierte Werke der Belletristik sind erst aus dem 13. Jahrhundert erhalten. Vor allem zwei Texte sind immer wieder illustriert worden, die Makamen des al-Ḥarīrī, ein wegen seiner sprachlichen Artistik hochgeschätztes Werk in Reimprosa, und das Fabelbuch „Kalīla wa-Dimna". Eine größere Gruppe der Handschriften des 13. Jahrhunderts stammt sicher aus Baghdad, für andere ist eine Entstehung im nördlichen Iraq bzw. in Syrien mit guten Gründen vorgeschlagen worden.

Im Unterschied zu dieser Gruppe gibt es unter den mamlukischen Bilderhandschriften neben Ḥarīrī und „Kalila und
Dimna" verschiedene Arten mehr oder weniger wissen-
schaftlicher Werke, Tierbücher, technische Traktate und
Handbücher ritterlicher Künste, in welchen der Zusammenhang mit den Interessen der herrschenden Gruppe am
unmittelbarsten einsichtig ist.

Das Motivrepertoire der mamlukischen Malerei folgt weitgehend dem der arabischen Malerei des frühen 13. Jahrhunderts. Doch nimmt die Lebendigkeit der Figuren zunehmend ab, die Zahl der Figuren wird geringer, ihre Bildung
gleichförmiger. Die große körperliche Beweglichkeit der
Menschen in Handschriften zumal der sogen. Baghdad-
schule ist zugunsten klarer, blockartig gebildeter Figuren
von gedrungenen Proportionen aufgegeben. Häufig sind die
Illustrationen gerahmt, und so vom Text getrennte Bilder.
Kräftige, oft unvermittelt nebeneinander gesetzte Farben
entsprechen der zunehmenden Ornamentalisierung von
Gesamtkomposition und Einzelmotiv. Dafür ist die sogen.
Schnörkelfalte charakteristisch, die nicht Wiedergabe da-
maszierender Stoffe ist, sondern von Faltenbildungen der
Malerei des 13. Jahrhunderts ausgehendes, und zunehmend
verfestigtes „Bild" von Faltenwerk, in dem der Darstel-
lungswert vom figuralen Eigenwert übertroffen ist.

Ibn al-Muqaffaᶜ wurde um 720 unserer Zeitrechnung in Persien geboren. Er stammte aus einer vornehmen Familie. Sein Vater war Steuereinnehmer gewesen und hatte es in diesem Amt zu solchem Reichtum gebracht, daß er die Mißgunst der Mächtigen erregte. Er wurde festgenommen und mißhandelt; der Name seines Sohnes (Ibn al-Muqaffaᶜ = Sohn des Verkrüppelten) erinnert an die Folgen. Wie viele Konvertiten hatte dieser Sohn bei seinem Übertritt zum Islam den Eigennamen ᶜAbdallāh (Diener Gottes) anstelle seines persischen Namens angenommen.

Ibn al-Muqaffaᶜ hat in einer Zeit politischer Umwälzungen gelebt. In Baṣra, einer der frühen islamischen Stadtgründungen im Iraq, ist er aufgewachsen. Später hat er eine Zeitlang im Dienst umayyadischer Statthalter in Persien gestanden. Nachdem das Kalifat in einer blutigen Revolution auf die Abbasiden übergegangen war, lebte er wiederum in Baṣra, wo er nunmehr zu einer Gruppe politisch und literarisch einflußreicher Männer in der Umgebung der neuen Machthaber gehörte. Die Quellen erwähnen seine verfeinerte persische Lebensart, doch wurde er auch wegen seiner sprichwörtlichen Großzügigkeit gerühmt, die ein beträchtliches Vermögen ihm gestattete. Eine Anekdote betont ausdrücklich, daß er, der Perser, die Araber in dieser ihnen eigensten Tugend übertroffen habe.

Er ist nicht alt geworden. Schon bald nach Beginn der Abbasidenherrschaft ist er, nicht vierzigjährig, auf gräßliche Weise umgebracht worden. Ibn al-Muqaffaᶜs Gönner, zwei Onkel des Kalifen al-Manṣūr, sollen vergeblich versucht haben, ihren Schutzbefohlenen zu retten. Ob sein Tod persönlicher Racheakt des verantwortlichen Gouverneurs war, oder aufgrund des Argwohns des Kalifen erfolgte, er sei zindīq, d. h. Anhänger vorislamischer Religion, gewesen, oder eher in seiner politischen Haltung seine Ursache hatte, wie sie sich in der „Risāla fī ṣ-Ṣahāba", einem Traktat über die Ratgeber des Kalifen, artikuliert hatte, ist heute nicht mehr sicher zu entscheiden.

Seinen Nachruhm verdankt Ibn al-Muqaffaʿ vor allem seiner Übersetzung von „Kalila und Dimna".

Der Text

Das Buch „Kalila und Dimna" gilt bis heute als eines der unübertroffenen Meisterwerke arabischer Prosa. Als eine Art Fürstenspiegel, in dem Menschenkenntnis und daraus folgende politische Lehren in das Gewand von Fabeln gekleidet sind, gehört es zur Gattung der „adab"-Literatur. Zugrunde liegt ein altindisches, als „Fabeln des Bidpai" bekanntes Werk, das in seiner bekanntesten indischen Version, dem Pañcatantra, weite Verbreitung gefunden hat. Doch Ibn al-Muqaffaᶜ stützte sich bei seiner Übersetzung nicht auf eine indische Fassung, sondern auf eine Übersetzung aus dem Indischen ins Pahlawi, die Sprache des sasanidischen Perserreiches. Der Perserkönig H̲usrau I., mit dem Beinamen Anūširwān (reg. von 531–579), unter dem das Reich eine letzte kulturelle Blüte erlebte, hatte diese Übersetzung veranlaßt. Der Bericht des Arztes Burzūya (in anderen Versionen heißt er Burzōē), den H̲usrau beauftragt hatte, nach Indien zu gehen, um dort das indische Weisheitsbuch zu suchen – von dem es hieß, es würde vor Fremden verborgen gehalten –, es nach Persien zu bringen und zu übersetzen, ist Teil des arabischen Buches.

Im Laufe der langen Überlieferung des arabischen Textes hat sich seine Gestalt dermaßen gewandelt – durch Einfügung ganzer Abschnitte und kürzere Erweiterungen, sowie durch eine Fülle von Veränderungen des sprachlichen Ausdrucks bei gleichgebliebenem Sinn –, daß es heute kaum möglich ist, die ursprüngliche Fassung des Ibn al-Muqaffaᶜ herauszufinden. Aus dem literarisch hochstehenden Werk ist endlich eine Art Volksbuch geworden.

Aus dem Arabischen ist das Buch in zahlreiche Sprachen des Nahen und Mittleren Ostens übersetzt worden; bereits im 10. Jahrhundert hören wir beispielsweise von einem illustrierten Codex in persischer Sprache. Auch ins Abendland ist das Fabelbuch gekommen. Auf einer hebräischen Übersetzung des 12. Jahrhunderts basierte die Übersetzung ins Lateinische, die Johannes von Capua im 13. Jahrhundert unternahm, und die allen nationalsprachlichen Fassungen des westlichen Europa zugrunde liegt. Die erste deutsche Ausgabe erschien 1485 in Ulm. Wirkungen von „Kalila und Dimna" sind noch in den Fabeln des La Fontaine, und in Goethes „Reinecke Fuchs" nachweisbar.

Der Text der Münchener Handschrift ist in 15 Kapitel unterteilt, denen eine Art Vorwort vorangestellt ist (s.u. Kapitelübersicht und Verzeichnis der Illustrationen).

Die einzelnen Kapitel beginnen damit, daß der indische König Dibsalim dem Philosophen Bidpai einen menschlichen Charakterzug oder ein Problem menschlichen Zusammenlebens vorlegt und ihn um eine Erklärung bittet. Der Philosoph gibt darauf zunächst eine der Allgemeinheit der Frage angemessene Antwort, um sie dann sogleich mit Hilfe von Fabeln zu verdeutlichen.

Diese Fabeln mischen Geschichten von Menschen mit anderen, deren Protagonisten mit Rede begabte Tiere sind (darunter als wichtigste Kalila und Dimna, zwei Schakale). In den Ablauf der Hauptgeschichten sind Vergleiche (maṯal) eingeflochten, die bisweilen ihrerseits eine ausführliche Geschichte erzählen, häufiger aber in einigen Zeilen, oder sogar nur in wenigen Worten auf eine Geschichte anspielen, die offenbar als bekannt vorausgesetzt wird.

Alle Geschichten drehen sich um Treue und Untreue oder Verrat, um Umsicht und Leichtfertigkeit, kluge Zurückhaltung und geschwätzige Dummheit, oder um den Ausgleich geringer Kraft durch Intelligenz und geschicktes Handeln, die ermöglichen, einer Übermacht bloßer Gewalt zu widerstehen. Die meisten Geschichten spielen in der Welt der Handwerker und Händler, und ihrer Frauen; daneben tritt, als eigener Typ, der fromme Einsiedler (nāsik). Die Welt des Hofes, in den Geschichten von H̱usrau Anūširwān und Burzūya vorherrschend, kommt in den Fabeln selbst nur einmal vor, im neunten Buch, in der Geschichte von Īlād und Bilād, der Frau eines indischen Königs und seinem Wezir.

Die inhaltliche Spannweite reicht von derben Possen wie der Geschichte von der Puffmutter (fol. 49r) und Burlesken wie den Geschichten vom Dieb, der auf dem Mondstrahl in ein Haus zu gleiten versuchte (fol. 36r) oder vom Mann, dem böse Buben sein Schaf abschwatzen (fol. 91r) bis zu nachdenklichen Geschichten wie der Erzählung vom Mann, der in raschem Zorn ein treues Haustier erschlug (fol. 102r) oder dem Gleichnis der menschlichen Existenz (fol. 40v), das Friedrich Rückert seinem Gedicht ‹Parabel› zugrunde gelegt hat.

Die Handschrift: heutiger Zustand und Vorbesitzer

Der cod. arab. 616 ist – wie fast alle arabischen Bücher –
eine Papierhandschrift. Die Blätter bestehen aus kräftigem,
mäßig glänzendem bräunlichen Papier, das im Laufe der
Zeit fleckig, und an vielen Stellen brüchig geworden ist, so
daß seine fasrige Beschaffenheit hervortritt. Sie messen
etwa 25,5 auf 18,5 cm, doch waren sie ursprünglich nicht
unwesentlich größer, wie sich daran erkennen läßt, daß
Randglossen, Reklamanten oder Bildtituli angeschnitten
oder sogar verloren sind. Die Beschneidung der Ränder
geschah sicherlich, als nach dem Verlust des originalen
mamlukischen Einbandes ein neuer – heute ebenfalls verlo-
rener – angefertigt wurde. Der heutige Einband aus glattem
braunen Leder ist modern.

Der Text ist in 17 Zeilen pro Seite geschrieben, der Schriftspiegel mißt etwa 21 auf 13 cm. Die richtige Reihenfolge
sicherten sogen. Reklamanten, die auf der Rückseite jeden
Blatts – also auf der rechten der beiden gleichzeitig sichtba-
ren Seiten, da die arabische Schrift von rechts nach links,
und demzufolge auch das Buch entgegen der uns gewohn-
ten Richtung von „hinten" nach „vorn" geblättert wird –
unten, nahe dem Falz, das erste Wort der folgenden Seite
wiederholten. Sie sind teils verloren, teils bei Ausbesserungen der Blätter erneuert worden (gelegentlich, z.B. auf
fol. 21v, ohne Verständnis des Textes).

Die Schrift ist ein regelmäßiges, teilweise vokalisiertes, gut
lesbares Nashī ohne kalligraphischen Anspruch. Die Tinte
ist schwarz, die Feder war so schmal, daß nur eine geringe

Varianz der Buchstabenstärke, bei wechselndem Verlauf seiner Form, möglich war. Kapitelüberschriften sind durch rote Farbe, und durch größere, kräftigere Buchstaben hervorgehoben. Interpunktionszeichen kommen gelegentlich vor, ihre Form wechselt (z.B. foll. 17v, 18r). Reste einer arabischen Foliozählung, auf der Recto-Seite in der oberen äußeren Ecke, sind erkennbar; dort wurde auch eine jüngere Zählung in roter Tinte von europäischer Hand eingetragen.

Das Buch ist nicht in seiner ursprünglichen Gestalt komplett erhalten. Zahlreiche, neuerdings farblich angeglichene Ausbesserungen können den Eindruck erwecken, als sei die Handschrift verwahrlost; tatsächlich aber zeigen sie, daß die Handschrift immer wieder benutzt, hochgeschätzt, und folglich fortwährend instandgesetzt worden ist. Die ersten 16 Blätter sowie foll. 92 und 93, 115, 121, 122 und 123 sind neuzeitliche Ergänzungen auf rauhem, weißem Papier (vielleicht des 18. Jahrhunderts), während fol. 61 eine alte Ergänzung ist. Der alte Textbestand beginnt auf fol. 17r gegen Ende der Vorrede, wo die Kapitelfolge aufgeführt wird, mit der rot geschriebenen Überschrift des 4. Kapitels. Die letzte Seite (fol. 129) ist bis auf ein kleines Fragment nicht alt. Wenn der Codex ein Kolophon gehabt hat, so ist es mit diesem Blatt verlorengegangen, so daß wir über Schreiber, Ort und Jahr der Herstellung nichts erfahren.

Auch über den Auftraggeber oder Erstbesitzer wissen wir nichts; wenn die Handschrift einmal Angaben über sie enthielt, so müssen sie sich auf den Anfangs- und Endblättern befunden haben, die verloren sind. Immerhin enthält die Handschrift einige Angaben, die ihre weitere Geschichte andeuten. Auf foll. 62v und 72r nennt sich als Besitzer ein Jude namens Aṣlān Mizrāḥī, der als seinen Beruf „Bader und Chirurg" angibt. Die Plätze für die zweimalige Nennung seines Namens wählte er mit ungewöhnlichem Selbstbewußtsein: innerhalb des Bildes, über dem Kopf eines Löwen; offenbar war ihm die Bedeutung seines ursprünglich türkischen Namens Aṣlān (= Löwe) bekannt. Wenn auch diese Einträge undatiert, und nach paläographischen Merkmalen schwer datierbar sind, so bleiben sie doch kulturgeschichtlich interessant als seltener Fall, daß eine arabische Bilderhandschrift einem orientalischen Juden gehört hat, der dies auch stolz – und sinnvoll – vermerkt.

Zwei jüngere Besitzereinträge, von denen einer 1153/1740–41 datiert ist, stehen am Rand von fol. 61v. Um 1800 ist die Handschrift in europäische Hände gekommen, wie das arabische, 1213/1798–99 datierte Exlibris des französischen Orientalisten J.J. Marcel auf fol. 1v beweist. Später gehörte sie dem Orientalisten Etienne Quatremère, dessen bedeutende Bibliothek im Jahre 1858 auf persönlichen Entscheid König Maximilians II. Joseph von Bayern für die Königliche Bibliothek in München, d.i. die heutige Bayerische Staatsbibliothek, gekauft wurde. Damals rief dieser Ankauf wegen der hohen Kosten Entrüstungsstürme hervor; heute zählt man ihn zu den weitsichtigsten Entscheidungen des großen Förderers der Wissenschaften.

21

Das Verhältnis von Text und Bild

Der cod. arab. 616 enthält heute 73 Illustrationen; wahrscheinlich waren es ursprünglich mehr. Am Anfang ist die Bildfolge dicht und so gleichmäßig, daß kaum eine Doppelseite nur Text aufweist; andererseits stehen auch gelegentlich zwei Illustrationen nebeneinander. Im hinteren Teil der Handschrift nimmt der Abstand von Illustration zu Illustration allmählich zu, aber nur an zwei Stellen folgen mehrere bildlose Doppelseiten – einmal vier, einmal sechs – aufeinander.

Ein Schreiber hat den ganzen Text einschließlich der Bildtituli geschrieben. Er hat – ob aufgrund eigener Entscheidungen oder durch ein Vorbild, oder aber durch Wünsche des Auftraggebers gebunden, wissen wir nicht – den Platz für die Miniaturen freigelassen. Sie können über oder unter dem Text stehen oder in ihn eingefügt sein. Die Bildmaße variieren. Auf einer illustrierten Seite überwiegt meist das Bild, doch die anschauliche Einheit ist ja jeweils die Doppelseite, und hier tritt das Bild quantitativ hinter dem Text zurück.

Der Schriftspiegel ist ungerahmt, und auch die Bilder haben keinen Rahmen, der sie vom Text absondern, sie zugleich aber auch an den Schriftspiegel binden könnte. In der Breite hat sich der Maler häufig frei gemacht von den Maßen des Schriftblocks, in einzelnen Fällen (z.B. fol. 27v) nicht ohne Sinn. Eine seitliche Grenze war allenfalls durch die quer zum Text geschriebenen Tituli gegeben. Anscheinend hat der Schreiber sie aus einem ihm vorliegenden älteren Exemplar übernommen. So lautet der Titulus auf fol. 62 v: „Bild vom Kampf zwischen Löwe und Stier, mit Kalila und Dimna, die zuschauen." Der zweite Teil ist durchgestrichen, in Übereinstimmung mit dem Bild, das auch nur den Löwen und den Stier zeigt. Der Maler hat also die Angaben des Titulus nicht befolgt. Er geht zurück auf ältere Fassungen des Illustrationszyklus, wie er z. B. in einer Handschrift des frühen 13. Jahrhunderts in Paris (B. N., ms. arabe 3465) erhalten ist: auf fol. 71 v dort schauen beide Schakale dem Kampf zu.

Wie konstituiert sich das einzelne Bild, wenn es keinen Rahmen gibt? Auf den flüchtigen Blick könnte man die Architekturelemente, die den häufig verwendeten Kastenraum bilden, als Bildrahmen ansehen; doch trifft das nicht zu. Der Vergleich von foll. 23 v und 29 r zeigt, daß die Architektur, bei unterschiedlichen inhaltlichen Aufgaben, sich in beiden Fällen an der menschlichen Figur bemißt; diese ist die Größe, von der alle übrigen abhängen.

Anders sieht es etwa in foll. 44 v und 45 r aus. In letzterem konstituieren die Tierfiguren das Bild. Die heraldische Komposition gibt ihm Festigkeit; die aus dem Sitzen zu mächtigen Köpfen aufwachsenden Leiber beanspruchen eine Freiheit, die Abstand zum Text darüber verlangt. Gegenüber ist die Anordnung der Schakale dieselbe. Doch ihren schlanken Leibern fehlen Fülle und leibliche Macht der Löwen; das Bildfeld zu sichern sind sie kaum imstande. Diese Aufgabe übernehmen die ihnen zugeordneten Pflanzen, ohne daß ihre Funktion sich darin erschöpft. Auch die Verwendung von Pflanzenmotiv und menschlicher Figur zusammen ist möglich (s. fol. 48 v). In der gleichartigen Verwendung wird beider bildkonstituierende Qualität deutlich. Daraus folgt, daß Bilder, in denen die menschliche Figur vorkommt, üblicherweise das Kompositionselement Pflanze entbehren können. Wo es dennoch zusätzlich eingesetzt wird, da dient es anderen Aufgaben.

Abschließend sei erwähnt, daß es neben der freien Orientierung der Illustrationen am Textblock auch die an der Buchseite gibt, und zwar derart, daß zwischen innen und außen im Buch unterschieden wird, und diese Unterscheidung für die Ausrichtung der Szenen benutzt wird (s. S. 29 f). Innen ist also nahe beim Falz: rechts bei Recto-Seiten, links beim Verso.

An einigen Stellen läßt sich erkennen, daß der Maler die
Vorzeichnung mit einem hellroten Strich angelegt hat:
summarisch in der Gegenstandsbezeichnung, sicher in der
Linienführung. Auf die Vorzeichnung folgt, sie zumeist
überdeckend, der Farbauftrag, diesem die zusammenfas-
sende und differenzierende Zeichnung. Die Tiere, die Gewänder der Menschen, und die meisten Dinge sind mit
einer zarten schwarzen Linie konturiert; dagegen haben
bloße Körperteile – Gesichter, Arme und Beine – einen
roten Kontur.

Als Inkarnat der Gesichter dient ein kräftiges Braunrosa.
Nase und Mund sind rot; den Mund bezeichnet eine kleine
Linie, die nahe und parallel einer anderen läuft, die den
Nasenflügel bezeichnet; wo diese sich nach oben wendet,
biegt die Mundlinie nach unten ab. Die schwarzen Brauen
sind hochgezogen und laufen, feiner werdend, fast bis zur
Schläfe. Die ebenfalls schwarz gezeichneten und zumeist
engen Schlitze der Augen haben nur eine knappe Andeu-
tung der Pupille. Die Linie des Oberlids ist breiter als die
des Unterlids und greift über sie hinaus. Zwischen Oberlid
und Braue ist eine beiden parallele rote Linie gesetzt. Sofern
nicht ein Kinnbart es verdeckt, ist das Kinngrübchen durch
einen kleinen roten Punkt markiert. Frauen – und auch
manche Jünglinge – tragen Schönheitsflecken.

So, wie beim gewandeten Körper eine Neigung zum Ausbilden selbständig umrissener Partien erkennbar ist, werden
auch beim bloßen Leib (s. besonders foll. 22r und 40v)

weitgehend selbständige Teile voneinander geschieden: der Unterarm wird ganz vom Oberarm abgesetzt, die Linie der Brust, symmetrisch zum schmalen Brustbein, sondert sie von Armen und Bauch ab; vergleichbar damit ist die gelegentlich vorkommende Absetzung der großen Zehe vom Fuß selbst und von den übrigen Zehen (z.B. fol. 26r).

Pflanzliches Grün bekommt durch Dunkelgrün als Verstärkung gerundeter Blattenden, oder als Kräftigung eines langgestreckten Konturs, sowie durch eine gelegentlich dazukommende gelbe Mittelpartie (flächig oder als Linie) einen derben, fleischigen Charakter. Im hinteren Teil der Handschrift (bei den Abbildungen ab fol. 77v) ist das Blattwerk formenreicher; aber es ist weder konturiert noch mit anderen Farbtönen bereichert.

Bemerkungen zum Stil

Den Erzählstil der Illustrationen charakterisiert eine entschiedene Konzentration auf einen bestimmten Moment der Geschichte, den der Maler in eine einprägsame Formel verdichtet hat. Nur vereinzelt werden zu gleichem Ziel Personen in einem Bild zusammengefaßt, die im Text nichts unmittelbar miteinander zu tun haben (so fol. 50v).

Ein Mittel, diese Konzentration zu erreichen, ist in der außergewöhnlichen Ökonomie im Umgang mit den verfügbaren Bildelementen zu erkennen. Alles entbehrliche Beiwerk ist fortgelassen; ein Element wie das flache, Himmel bezeichnende Kreissegment wird nur dort einmal eingesetzt, wo ohne es die Darstellung und damit die Geschichte unverständlich wären (fol. 36r); und wo es um nicht mehr geht, als den Ort der Handlung als Innenraum zu kennzeichnen, werden nur knappste Architekturelemente verwendet. Ja, es gibt Darstellungen, die fraglos innen spielen, ohne daß aber selbst einfachste Rahmenelemente das verdeutlichen (z.B. foll. 19r, 26r). Nur dort, wo es dem Verständnis einer Handlung dient, wird die Schilderung eines Hauses ausführlicher, erfahren wir etwas über Dach, Tor oder Raumfolge (foll. 29r, 32r, 36r, 36v). Ausgeschlossen, daß architektonisches Beiwerk ornamentale Selbständigkeit gewinnt.

Die Konzentration auf das Wesentliche – und nicht mangelhaftes Verständnis der Wirklichkeit! – zeigt sich auch in der Art, wie Hase und Löwe (fol. 53r) oder der Hund mit dem Knochen (fol. 38v) sich im Wasser spiegeln.

Ein anderer Aspekt dieser Ökonomie der Mittel – die nicht zuletzt auch schnelles Verständnis begünstigt – zeigt sich in der Verwendung fester Formeln in unterschiedlichem Zusammenhang. Ein Bewegungsschema wird z.B. einmal dem Hund, ein andermal dem Löwen zugrunde gelegt (foll. 38 v und 53 r); auch Figurentypen, wie die Diebe (foll. 28 r und 32 v), oder der von einem Angreifer niedergeworfene Mann (foll. 37 r und 75 v) werden kaum verändert wiederholt.

Wesentlichstes Gestaltungsmittel ist die Sicherung des Zusammenhanges der Bildelemente in der Fläche. Das soll an einem Beispiel, dem ersten Bild (fol. 19 r), ausführlich gezeigt werden:

Die Komposition beginnt auf der linken Seite. Diener begleiten den Arzt zum Thron des Königs. Bewegungselemente sind in ihrem gestaffelten Stehen und in der Haltung ihrer Arme zu erkennen, sie werden in der Schräge des Schwertes, das einem der beiden am Gürtel hängt, präzisiert. Diese Schräge setzt sich über die Manschette des herabhängenden Armes fort, streift den Ellbogen des anderen und den Kopf des Burzūya, und findet am leicht geneigten Haupt des Königs ihr Ziel. Diese Figur ruht in sich, was am leisen Zusammenschwingen verschiedener bogiger Partien sinnfällig wird: die Haltung der Arme geht über in die durch einen goldenen Saum betonten, die Schenkel begrenzenden Linien; diese Bögen werden verstärkt durch die sie begleitenden Rahmenleisten des Ornaments an der Thronlehne (das sich nicht unabhängig entfaltet, sondern nur gleiche Distanz zur Lehnenkante und der davor sitzenden Figur halten, und folglich ein unregelmäßiges Reststück ausbilden kann), und der Schwung wird aufgenommen und ausgewogen im Bogen des Tuchs vorn am Thronsitz. Die Farbigkeit unterstreicht und bereichert diese Ordnung. Ein kräftiges Rot steht am Anfang und Ende der Komposition: als Gewand des linken Dieners, und als Tuch am Thron. Dunkelgrün verbindet den zweiten Diener und Burzūya; die schnelle, abfallende Folge betont die Zäsur, die Burzūyas kauernde Gestalt zwischen die durch Isokephalie verbundenen übrigen Figuren setzt. Einige Farben sind dem König vorbehalten: Hellblau und Gelb/Schwarz (Kissen bzw. Lehne des Thrones) und – als wichtigste – das Lilarosa seines Gewandes. Indem diese Farbe zugleich für die Bodenplatte verwendet ist, werden Ort und Geschehen dem König fast attributiv zugeordnet. Dagegen hat das Gold der Nimben und Gewandsäume hier (wie anderswo) zwar ebenfalls eine verbindende, nicht aber inhaltlich klärende Funktion.

Kompositionsschema und Farbigkeit werden wörtlich in einem der nächsten Bilder (fol. 24 v) wiederholt. Dort sieht man Burzūya, wie er seinem Herrn über den Verlauf seiner Reise nach Indien berichtet. Wiederholt ist das Schema, doch anders benutzt: hier spricht der Arzt, und er schaut auf zum König. Seine Hand unterstreicht seine Rede, sie drückt nicht, wie auf fol. 19 r, untertänige Ergebenheit aus. Das Anfangsmotiv des Schwertes fehlt; doch liegt ein Schwert in des Königs Händen, in Augenhöhe Burzūyas, und dient auf andere Weise der Festigung des figuralen Zusammenhangs. Auffällig ist, daß die Komposition auf der verso-Seite spiegelbildlich zum Recto verwendet ist, so daß hier wie dort der Herrscher innen thront und Burzūya von außen her zu ihm gebracht wird.

Einige ähnliche Verknüpfungen seien wenigstens kurz erwähnt. Auf fol. 22r führt die Schräge der Beinstellung des Inders über seine Hand zum Kopf des Persers. Kontrastreicher ist die Verbindung vom Finder des Schatzes mit dem linken seiner beiden Helfer durch das Widerspiel der Rücken und die Verschränkung der Beine; sie erfaßt den rechten Träger mit, der im übrigen durch völlige Parallelstellung in Gleichschritt mit seinem Gefährten erscheint.

Noch stärker sind Mit- und Gegeneinander in fol. 37r verquickt. Die Schräge des Rumpfes des Gestürzten ist auch die des ihn Attackierenden, und sie wird aufgenommen im auffällig wehenden Ärmel der Frau. Zwei Beine der Männer, die jeweils vorderen, sind zueinander parallel, während die anderen Knie an Knie gegeneinander stehen; dazu paßt das Auscinandergehen der beiden Unterarme, das über dem Stock beginnt, in dessen Horizontale höchste Aktivität der Handlung und größte Ruhe der Komposition in eins fallen.

Schließlich hat in fol. 60v die Nähe der Flügel und der Köpfe weniger inhaltliche als bildliche Funktionen; hier findet außerdem die Flugrichtung der Vögel in der Stellung der Männer, und auch – leiser – in der Position der Schildkröte am Stab nahe der Hand des Linken ihre Entsprechung.

Wenn die Linien, die zunächst als Kontur und Binnenzeichnung zur Bildung der menschlichen Figur dienen, zugleich über sie hinaus auf andere weisen, und so eine Dichte der Komposition bewirken, die die Münchener Handschrift von vielen anderen unterscheidet, so ist in der Darstellung von Tieren das Spiel der Linien (z. B. die flachen Bögen, die auf fol. 45 r Rumpf und Kopf der Löwin bestimmen, oder auf fol. 38 v den Umriß des Hundes) vor allem innerhalb der jeweiligen Figur wirksam, ohne wesentlich über sie hinaus zu weisen; selbst dort nicht, wo die Tiere – den Menschen ähnlich, wie es die Fabeln wollen – in Dialogen stehend dargestellt sind.

Wo die Notwendigkeiten der Komposition oder der Figurenbildung mit solchen der Richtigkeit der Darstellung konkurrieren, haben die gestalterischen Absichten den Vorrang. Das zeigt sich bespielsweise zweifach im schon ausführlich besprochenen Bild H̱usrau Anuširwāns mit Burzūya (fol. 19 r). Die Arme des Königs wirken gelenklos, wulstartig; nur so fügen sie sich den vielfachen Schwüngen ein, die – wie gezeigt wurde – die Figur bestimmen. Ebenso widerspricht die Musterung der Thronlehne jedem denkbaren ‚richtigen' Aussehen einer solchen: bestimmend ist das Ziel, Thronenden und Thron eng miteinander zu verknüpfen (wofür dies nur ein Mittel unter mehreren ist!).

Wenn auch festzustellen war, daß alle für die dargestellte Situation nötigen Elemente in größtmöglicher Knappheit gezeigt werden (von der nur die Farbigkeit dispensiert ist), so gibt es doch zahlreiche Details, die, mosaikartig aneinandergefügt, geeignet sind, uns ein Stück Wirklichkeit des 14. Jahrhunderts im islamischen Orient vor Augen zu führen.

Das übliche Bild eines Innenraumes besteht aus einer farbigen, polsterartigen Bodenplatte, glatten Seitenstützen mit andersfarbigen Kapitellen, ornamentierten Eckzwickeln und einem glatten horizontalen Mittelstück. Davon weicht das Haus des Kaufmanns auf fol. 36r ab. Diebe dringen in dies Haus ein, und zwar vom Dach her. Dieser Weg bietet sich an, denn das Haus hat ein verschiebbares Dach, wie es in detailreicheren illustrierten Ḥarīrī-Handschriften des 13. Jahrhunderts bekannt ist. Es ist eines der Mittel, dem Wohnraum aufwendiger Privathäuser kühle Luft zuzuführen – es wird abends, und für die Nacht, aufgeschoben. Hier ist die Beweglichkeit nur angedeutet, indem das Mittelstück sich nicht glatt zwischen die Eckfelder einfügt. (A.L. Mayer hat einmal darauf hingewiesen, daß mamlukische Miniaturen oft nur knappe Andeutungen statt wirklicher Darstellungen von Dingen enthalten, weil sie dem Maler wie seinem Publikum aus ihrer Alltagserfahrung hinreichend vertraut waren.)

Eine ähnliche Belüftungseinrichtung scheint das Bordell (fol. 49r) zu besitzen. Eine Variante des Daches mit beweg-

licher Mitte zeigen foll. 28 v und 3 5 r; die Beschaffenheit
der Mittelstücke erinnert an Matten, und es mag sein, daß
auch hier, wie bei den zunächst genannten Beispielen der
dreieckige Abschluß, ein „pars pro toto" steht – Illustrationen des 13. Jahrhunderts haben sowohl den dreieckigen
Abschluß als auch eine mattenartige Partie.

Das Gefängnis, in dem Dimna seinem Prozeß entgegen-
sieht, ist als vergitterter Bau dargestellt, den überraschen-
derweise eine Kuppel auszeichnet –: das einzige Beispiel im
ganzen Bildzyklus (fol. 70 v).

Der Minbar, von dem aus Burzūya eine Ansprache hält
(fol. 20 r), hat die vorgeschriebene Mindestzahl von drei
Stufen, und eine oberste, durch niedrige Holme gesicherte
Plattform. Ihre Flanke mit aufwendiger, Flechtbandmuster
und vegetabile Motive verbindender Ornamentik erinnert
an die zahlreichen prachtvoll verzierten Kanzeln aus mamlukischer Zeit.

Das Wohnhaus des betrogenen Kaufmanns hat ein spitzbo-
giges, zweiflügeliges Tor mit kräftigen Türklopfern.

Mehrfach dargestellt sind Throne, jeweils mit erhöhtem
Sitz, gemusterter Rückenlehne und herabhängendem Tuch.
Üblicherweise ist der Thronende ein Herrscher, doch einmal ist ihm ein Richter sozusagen anschaulich gleichgesetzt
worden, wie das schon in Bildern des 13. Jahrhunderts
vorkommt.

Sonst sitzt man auf dem Boden, der als farbiges Polster
gegeben wird: bei Arbeit (fol. 23 v), Unterhaltung (foll. 31 r,
32 r) und beim Mahl (fol. 128 v). Ebenso schläft reich
(fol. 36 r) und arm (fol. 28 v u. ö.) auf dem Boden, den man

mittels Kissen zum bequemen Lager herrichtet. Doch vereinzelt kommen auch Bettgestelle vor: im Bordell (fol. 49 r) ebenso wie bei Privatleuten (fol. 32 v). Man liegt gelegentlich auch bei der Unterhaltung (fol. 79 v).

Ansonsten ist die Ausstattung der dargestellten Räume karg. Einmal wird ein Tisch gezeigt, auf dem einem Gast das Mahl vorgesetzt wird (fol. 128 v; Parallelen gibt es schon in manichäischen Handschriften), ein andermal befindet sich eine große Schale mit eingezogenem Fuß in einem Raum, ohne daß ihr Standort genau bezeichnet wäre (fol. 35 r). Ein Leuchter (des polykandelon-Typs) hängt an der Decke (fol. 32 v), mit drei weißen, sicherlich gläsernen Ölschalen; er kann aber – wie sein Fuß beweist – auch hingestellt werden, wofür es andere Bildquellen gibt. Ein Buchständer – den Koranständern (raḥle) ähnlich, von denen sich einige aus mittelalterlicher Zeit erhalten haben – steht vor Burzūya (fol. 23 v); ein andermal steht Burzūya auf einem vierbeinigen Stuhl mit niedriger Lehne, um aus dem Buch vorzutragen (fol. 26 r). Das Kind, das das Wiesel beschützt hatte (fol. 102 r), ist in einem hochbeinigen Kinderbett liegend – und stramm gewickelt! – dargestellt.

Zwei Arten der Vorrathaltung werden sichtbar: fol. 28 v zeigt den riesigen, stehenden Vorratskrug; daneben gibt es das unter die Decke gezogene, und damit vor dem Zugriff von Schädlingen weitgehend sichere Vorratsgefäß: ein Napf (fol. 79 v) oder ein Lederbeutel (fol. 102 r).

An Musikinstrumenten finden sich eine doppelseitig bespannte Trommel (fol. 46 v) und metallene Zymbeln (fol. 37 v). Auf demselben Blatt sieht man die Werkzeuge, mit denen der junge Mann, statt zu musizieren, eigentlich Edelsteine für den Kaufmann durchbohren sollte, darunter einen Bogen, der zum schnellen Drehen des Bohrers dient. Endlich gibt es eine Säge, die der Affe benutzt, der sich an die Arbeit des Zimmermanns gewagt hat (fol. 43 r): ein Sägeblatt ist in einen kräftigen Rahmen gespannt, der nur auf einer Seite einen Griff hat.

Die ungewöhnliche Darstellung eines zweirädrigen Karrens ist wohl mit der indischen Herkunft des Textes zu erklären, und ist sicherlich nicht unmittelbarer Reflex von Wirklichkeit, wie es dagegen für die Körbe, in denen vielfältige Lasten transportiert werden (fol. 27 v, 32 v), sicherlich gilt.

Der Eindruck großen Abwechslungsreichtums in der Darstellung der Gewänder beruht auf vielfachem Wechsel der Stoffmuster und -farben, während im Bereich des Kostümlichen die Differenzierung gering ist. Das überrascht, wenn man an die reiche Terminologie denkt, die zu diesem Thema aus literarischen Quellen der Mamlukenzeit erschlossen wurde. Doch hat schon A. L. Mayer gesehen, daß es kaum möglich ist, den sprachlichen Unterscheidungen ein reales Äquivalent zuzuordnen. Denn die verschiedenen Gewandtypen unterscheiden sich vorwiegend im Schnitt voneinander, was in der zwangsläufig kursorischen Wiedergabe untergeht.

An der männlichen Kleidung fällt zunächst auf, daß es keine Differenzierung nach sozialem Stand gibt. Zwei Gewandtypen stehen allgemein zur Verfügung, das kurze, bis über das Knie reichende Gewand mit engen Manschetten, und das fast bodenlange weite, das sich von dem anderen anschaulich vor allem durch die weiten Ärmel unterscheidet. Das erste hat üblicherweise einen runden, engen Halsausschnitt, gelegentlich aber auch einen kurzen senkrechten Einschnitt, der dann durch einen umlaufenden breiten Streifen mit dem Halsausschnitt zusammengefaßt wird. Der Stoff liegt dem Rumpf eng an, und wird gegürtet, wenn auch der Gürtel nicht zu erkennen ist; doch spricht für diese Annahme die betonte Artikulation des Bauches. Zu diesem Gewand (arab. qabāʾ) werden Stiefel (ḫuff) getragen, wenn die Beine nicht bloß bleiben. Die qabāʾ tragen hier die Könige (foll. 19r, 104r u.ö.) und ihre Soldaten; ebenso aber alle tätigen Personen, ob es sich um Fischer und Jäger (z.B. foll. 54v und 76v), um Handwerker (foll. 37v und 43r: der Zimmermann mit aufgekrempelten Ärmeln), um Lastenträger (z.B. fol. 28r) oder um Einbrecher (foll. 29r, 36r) handelt. Das lange, weite Gewand (ǧubba) wird über weiten, weißen Hosen getragen. Qabāʾ und ǧubba haben goldene Säume, die Ärmellöcher und gelegentlich auch Kragen sind goldgefaßt. Dazu finden sich auf den Oberarmen ausnahmslos goldene Streifen, sogen. Ṭirāz-Streifen. Ihre wahllose Verwendung hier zeigt, daß der ursprüngliche Zusammenhang mit den im Auftrag des Kalifen oder eines Sultans gefertigten, und mit Schriftstreifen versehenen Ehrengewändern nicht mehr gewußt wurde. Ein eigener Gewandtyp wird für den „nāsik", den frommen Mann oder Einsiedler, und für die – derart ihnen gleichgesetzten – Brahmanen (fol. 104r) verwendet. Sie tragen über einem langen Gewand, wohl einer ǧubba, einen weiten, cape-artigen Umhang, der auch über den Kopf gezogen wird (wohl ridāʾ). Er hüllt auch die Arme ein und läßt nur die Hände frei. Der etwas zugespitzte Kontur, den der kapuzenartig hochgezogene Teil des Umhangs bildet, läßt annehmen, daß die Einsiedler darunter eine spitze Mütze, in den Quellen qalansuwwa oder kulā genannt, trugen.

Ähnlich, aber unterscheidbar, ist die Kleidung des Richters (fol. 50v). Er trägt eine ǧubba (bei Richtern auch faraǧīya genannt), und darüber einen hellen Umhang, der vielleicht mit tarḥa oder ṭaylasān der Quellen identifiziert werden darf.

Die Männer tragen durchweg Turbane, die den Umfang des Kopfes nicht wesentlich vergrößern, und in denen man die ʿimāma baġdādīya der Texte erkennen kann. Er kommt auch wohl in enggewickelter, spitzerer Form vor (z.B. fol. 29r), d.h. hier ist der Stoff um eine qalansuwa gewickelt. Endlich tragen einige Männer (z.B. auf foll. 28v, 76r, 76v) eine leicht zugespitzte, eng an der Stirn anschließende Kappe, sicher die kulā, die persische Mütze der niederen Stände.

Die meisten Männer sind barfuß. Doch gibt es neben den Stiefeln, die vor allem zur kurzen qabāʾ getragen werden, vereinzelt ganz flache Schuhe, die an Ballettschuhe erinnern.

Interessant ist das Bild der Frau. Sie wird nicht oft dargestellt. Im günstigsten Fall liegt sie mit ihrem Mann im Bett (fol. 35r, 36r). Sonst tritt sie auf als die untreue Frau (foll. 36v, 37r), die beim Tête-à-tête mit ihrem Geliebten ertappt wird; oder sie hat sich zumindest gegen den Verdacht der Untreue zu verteidigen. Wenn sie nicht selbst ihren Mann betrügt, dann hilft sie ihrer Nachbarin dabei (foll. 49v, 50v). Oder sie betreibt gewerbsmäßig Unzucht, als Hure oder Bordellwirtin (fol. 49r), und von da ist's zur mörderischen Alten nur ein Schritt. Überraschend selbständig ist demgegenüber die Frau des Königs, die, in Wut entbrannt, ihrem hohen Gemahl die Reisschüssel über den Kopf schüttet. Doch selbst diese Episode ist Zeugnis dafür, daß die Welt, aus der diese Handschrift stammt, eine Welt der Männer war; sowie andererseits, daß die Frauen auf vielerlei Weise (und wäre es durch solidarisches Verhalten: foll. 49v, 50r) hinter der Fassade des Einverständnisses um ein eigenes Leben sich bemühen – ob sich dieses Trachten nun im langfristig eingefädelten Betrug oder im Widerstand momentanen Aufbrausens konkretisiert.

In der Öffentlichkeit trägt die Frau ein langes Gewand (für das in den Quellen keine Bezeichnung greifbar ist), und darunter lange Hosen (sarāwīl), die öfters gemustert sind (fol. 37r, 107v). Über dem Gewand trägt sie außer Haus einen Überhang (izār), der Kopf und Schultern bedeckt, und eventuell einen Gesichtsschleier (niqāb) (fol. 50v). Im Hause hat sie nur ein leichtes Kopftuch (ḥimār) an, von einem Tuch (ʿiṣāba) gebunden (z.B. fol. 37r) oder von einem goldenen Reif gehalten. Im Bett liegt sie nackt, wenn sie nicht – im Kontrast zu ihrem fast nackten Ehemann (fol. 36r) – mit Kleid und Schleier bekleidet ist, als gälte es, gegenüber den Einbrechern Schicklichkeit zu wahren.

Das Verhältnis zu anderen mamlukischen Handschriften von „Kalila und Dimna". Beobachtungen zur historischen Stellung des cod.arab. 616

Vier illustrierte „Kalila und Dimna"-Handschriften sind aus mamlukischer Zeit erhalten: neben der Münchener je eine in Cambridge (Corpus Christi College, ms. 578), Oxford (Bodleian Library, ms. Pococke 400) und Paris (Bibliothèque Nationale, ms. arabe 3467); zwei davon sind datiert: Oxford 755/1354, Cambridge 791/1388.
Die Frage nach ihrem Zusammenhang wurde vorwiegend unter ikonographischen Gesichtspunkten erörtert. Allgemein nimmt man an, daß der cod.arab. 616 die früheste dieser Handschriften sei (daß wir seit dem 13. Jahrhundert auch persische illustrierte Handschriften von „Kalila und Dimna" kennen, sei nur erwähnt). Ob Paris älter oder jünger ist als Oxford, wird unterschiedlich beurteilt; sicherlich sind beide Handschriften einander näher als eine von ihnen der Münchener. Ebenfalls unbestritten ist, daß Cambridge wegen überwiegend gänzlich anderer Bildlösungen (in denen gelegentlich Anklänge an die Tradition des 13. Jahrhunderts erkennbar sind) und auch wegen der geringen Qualität der Ausführung mit den übrigen drei wenig gemein hat.
Auch bei ikonographischer Übereinstimmung gibt es immer wieder beträchtliche Unterschiede zwischen München einer- und Oxford und Paris andererseits. Es sind Unterschiede des Stils und solche der Qualität. Letztere wird unterschiedlich beurteilt. Ettinghausen nannte den Mün-

chener Codex „rather crude and not too well preserved"
(letzteres gilt allerdings in gleichem Maße für Paris und
Oxford), während D.T. Rice die Münchener Illustrationen
für „the most forceful and striking" hielt. Der Widerspruch
hebt sich auf, wenn man die unterschiedlichen Grundlagen
dieser Urteile ins Auge faßt. Rice sprach über Komposition
und Bilderfindung, Ettinghausen dagegen offensichtlich
über Reichtum des Details und der Farbigkeit, und Präzision der Ausführung.

Vergleicht man z.B. das Bild von der Schatzbergung (hier
fol. 27v, S.143) in den drei Handschriften, dann findet
man in allen das gleiche Repertoire von Bildelementen.
Überall der hohe Berg links, davor gebückt oder hockend
der Finder, rechts zwei Träger; sogar dekorative Details
wie der Baum über dem Berg finden sich überall. Doch sind
die Unterschiede ins Auge fallend: Oxford und Paris sind
reicher an leuchtenden Farben, die Zeichnung des Berges ist
farblich stärker differenziert (Paris) oder auch in der Binnenzeichnung detaillierter (Oxford), in beiden haben die
Gewänder reiches Faltenwerk. Dagegen ist das Münchener
Bild in genannten Punkten schlichter; dafür hat es eine
einzigartige kompositorische Dichte; nur hier durchzieht
ein Schwung die Darstellung, nur hier nimmt der Baum
einen inhaltlich sinnvollen Platz ein (s.S. 57).

Größerer Reichtum im dekorativen Detail, brillantere Farbigkeit und auffällige Motivhäufung – sei es als Verdoppe-
lung einer Figur, als Faltenreichtum, dichtere Belaubung
der Pflanzen, oder als ausführlichere Schilderung von Architektur und Mobiliar –: diese Züge der Oxforder und der

Pariser Handschrift, die sie von der Münchener unterscheiden, sprechen im Hinblick auf die Entwicklung der mamlukischen Malerei im 14. Jahrhundert (s. S. 13) für einen deutlich früheren zeitlichen Ansatz für den cod. arab. 616.

Die Frage nach dem zeitlichen Abstand kann vielleicht am ehesten beantwortet werden, wenn man die Bildung menschlicher Figuren genauer betrachtet. In der Münchener Handschrift sind sie gelenkig und differenzierter Bewegungen fähig. Ihre Beweglichkeit ist nicht immer „richtig" – so fällt der weiche Schritt vieler Figuren auf –, doch dient sie, ihre Tätigkeiten, und auch ihre Gespräche, unter Einsatz des Leibes lebendig darzustellen. Das unterscheidet sie von der steifen, wenig modulationsfähigen Körperlichkeit zumal der Oxforder Bilder und erinnert an arabische Handschriften des 13. Jahrhunderts, besonders der sogen. Baghdad-Schule.

Mit der Dominanz der Gesten, und auch der Gesichter, über dekorative Details steht die Münchener Handschrift der 671/1272 datierten Ibn Buṭlān-Handschrift der Ambrosiana in Mailand näher als der Oxforder. Noch größere Geschmeidigkeit der Leiber und Gesten zeigen die Illustrationen eines Londoner Ḥarīrī (British Library, or. 9718); und auch eine weitere Ḥarīrī-Handschrift der gleichen Bibliothek (Add. 22, 114) ist in der knappen Formelhaftigkeit der Zeichnung und der Beschränkung auf das für die Geschichte Wesentliche, gut vergleichbar.

Die Nähe zu diesen vor bzw. um 1300 entstandenen Handschriften einerseits, andererseits aber auch Zusammenhänge mit Handschriften aus dem 3. und 4. Jahrzehnt des

14. Jahrhunderts lassen einen zeitlichen Ansatz des Münchener cod.arab. 616 um 1310 sinnvoll erscheinen.

Wie erinnerlich, enthält die Handschrift so wenig wie die anderen der gleichen Gruppe irgendeinen Hinweis auf die Provenienz. Das Mamlukenreich umfaßte Ägypten und Syrien. Die Handschriften in Oxford und Paris wurden verschiedentlich als möglicherweise aus Syrien stammend bezeichnet. Dahinter steht eine partielle Ähnlichkeit der Oxforder Handschrift mit einer in Paris befindlichen „Kalila und Dimna"-Handschrift des 13. Jahrhunderts (B.N., arabe 3465). Vor allem die reichen Architekturformen – u. a. Bogenfriese und Spitzbögen – haben an Reflexe christlicher Architektur des Mittelmeerraumes denken lassen, die man in Syrien für besonders wirksam hielt.

Nun lassen sich die reichen Architekturen aber auch in anderem Licht sehen. Sie finden sich vor allem im höfischen Zusammenhang – also mehr bei Darstellungen des Königs Husrau, weniger bei den Fabeln. Könnte nicht die gesteigerte Prachtentfaltung auch auf einen hochgestellten Auftraggeber hinweisen? Leider besitzen wir so wenige sichere Daten, daß hier einstweilen nur Vermutungen möglich sind. Vielleicht kann man eine andere Beobachtung in gleicher Richtung deuten. Die Oxforder und Pariser Handschriften (und auch die in Cambridge) sind bedeutend größer als die Münchener. Diese mißt heute 25,5 × 18,5 cm, jene aber 36 × 26,5 bzw. 30 × 27 cm (Cambridge 31,5 × 24 cm). Gewiß, die Münchener Handschrift ist erheblich beschnitten; doch ebenso die anderen. Die kleinste, die Münchener Handschrift, bringt obendrein 18 Zeilen Schrift – ohne kalligraphischen Anspruch! – auf eine Seite, die anderen, größeren nur 15 bzw. 16 Zeilen.

Natürlich könnte das kleinere Format, verbunden mit einfacher, möglichst knapper Darstellung, auch als Argument für die frühe Datierung herangezogen werden; doch ist der Zusammenhang mit Ansprüchen des Auftraggebers nicht einfach von der Hand zu weisen.

Schließlich ist fraglich, ob die an Christliches erinnernden Architekturmotive im 14. Jahrhundert noch brauchbar sind für eine Lokalisierung nach Syrien, oder ob sie nicht viel früher schon in das allgemein verfügbare – doch nur unter bestimmten (wenngleich uns nicht bekannten) Voraussetzungen voll ausgeschöpfte – Motivrepertoire eingegangen sind.

In den Darstellungen des Münchener Codex ist noch etwas von jener „allure classique" spürbar, deren Verschwinden Stchoukine einmal als charakteristisch für die mamlukische Malerei bezeichnet hat. Könnte das ferne Nachwirken antik beeinflußter Figurenauffassung, zusammen mit dem Fehlen allen ostentativen Reichtums und dem bescheidenen Format, darauf hinweisen, daß wir es hier mit einem Werk aus einer Region zu tun haben, wo derartige Traditionen noch fortlebten (im Mamlukenreich also Syrien), und nicht mit einem höfischen – also in Ägypten entstandenen – Prunkcodex?

44

45

Transkription

Die Umschrift arabischer Wörter verwendet Zeichen, deren Lautwert teils nicht dem uns vertrauten entspricht, teils dem Deutschen unbekannt ist:

s scharfes S wie in Wasser.

z weiches S wie in See.

š wie deutsches sch.

ǧ dsch, wie im ital. „Giovanni".

ʾ Anlaut, wie Absatz zwischen 2. und 3. Silbe in „nebenan".

ʿ Preßlaut, durch Zusammendrücken der Stimmritze gebildet.

ḥ deutlich hörbares, leicht am hinteren Gaumen reichendes H.

ḫ harter Laut, wie ch in Ach.

q im Rachen gebildetes, dumpfes k.

ṯ wie engl. th in „thing".

ṭ emphatischer, etwas behauchter Laut (etwa wie das von h gefolgte t in „Aufenthalt")

ṣ emphatisches, scharfes s.

Geläufige Wörter, z.B. Baghdad, werden nicht transkribiert. Ebenso wird der Titel des Werkes durchgängig ohne Bezeichnung der Vokallänge (Kalīla) verwendet.

Bei Daten bezeichnet die erste Zahl das Jahr muslimischer, die zweite das christlicher Zeitrechnung. Jahrhunderte stets nach letzterer.

Literaturhinweise

Text

Kitāb Kalīla wa-Dimna, hrg. von al-Šaiḫ Ilyās Ḥalīl Zaḥariyā, Beirut 1382/1963 (anstelle der alten Ausgaben von Silvestre de Sacy (Paris 1816), I. Cheikho (Beirut 1905 u. ö.) und ʿAbd al-Wahhāb ʿAzzām (Kairo 1941) benutzt)

Wolff, Philipp, Das Buch der Weisen in kunst- und lehrreichen Erzählungen des indischen Philosophen Bidpai. Aus dem Arabischen von Ph. W., Stuttgart 1839[2]

Ibn al-Muqaffaʿ. Le livre de Kalila et Dimna, traduit de l'arabe par André Miquel (= Etudes Arabes et Islamiques. Textes et Traductions, I), Paris 1957

Nöldecke, Theodor, Burzōēs Einleitung zu dem Buche Kalīla waDimna (= Schriften der Wissenschaftlichen Gesellschaft in Straßburg, Heft 12), Straßburg 1912

Autor

Sourdel, Dominique, La Biographie d'Ibn al-Muqaffaʿ d'après les sources anciennes. In: Arabica 1, 1954, S. 307–323

Islamische Malerei

Arnold, Sir Thomas W., Painting in Islam. A Study of the Place of Pictorial Art in Muslim Culture. Oxford 1928 (reprint New York 1965)

Ettinghausen, Richard, Arabische Malerei. Genf 1962

Rice, David Talbot, Islamic Painting. A Survey. Edinburgh (1971)

Zur mamlukischen Malerei

Stchoukine, Ivan, La Peinture Iranienne sous les Derniers Abbasides et les Il Khans. Brügge 1936

Holter, Kurt, Die frühmamlukische Miniaturmalerei. In: Die graphischen Künste, N. F. 2, 1937, S. 1–14

Walzer, Sofie, The Mamlūk Illuminated Manuscripts of Kalīla wa-Dimna. In: Aus der Welt der Islamischen Kunst. Festschrift für Ernst Kühnel zum 75. Geburtstag am 26.10.1957 (Hrg. R. Ettinghausen), Berlin 1959, S. 195–206

Haldane, Duncan, Mamluk Painting. Warminster (1978)

Ikonographie

Buchthal, Hugo, Indian Fables in Islamic Art. In: Journal of the Royal Asiatic Society of Great Britain and Ireland, 1941, S. 317–324

Mayer, L. A., Mamluk Costume. A Survey. Genf 1952

Jachimowicz, Edith, Ikonographische Studien zu einigen frühen arabischen illustrierten Handschriften. Phil. Diss. Universität Wien 1969 (unveröffentlicht)

Bilderläuterungen

Burzūya soll im Auftrag des persischen Großkönigs das
sagenhafte Weisheitsbuch der Inder beschaffen.
Zwei Höflinge haben den Gelehrten vor den Thron des
Königs gebracht. Dort kauert er, untertänig abwartend,
ohne den Blick zu heben. Nur der hinter seinem Rücken
hochwehende Turbanzipfel lockert den geschlossenen Umriß seiner blockhaften Gestalt auf. Der König sitzt erhöht
auf seinem Thron, in frontaler Haltung, aus der heraus er
sich zugleich zur Seite und etwas herab zu Burzūya wendet.
Der Thron, dessen schlichter Unterbau durch seine vier
Beine als standfest ausgewiesen ist, verdeutlicht mit seiner
prächtig ausgeführten Rückenlehne – zusammen mit dem
vorn am Sitz herabhängenden Tuch und dem Sitzkissen,
dessen goldene Ecken mit denen der Lehne (und den „Hör-
nern" der Krone!) korrespondieren – den Rang des Thronenden. Die Doppelfigur der Höflinge, die das Bild nach
links abschließt, entspricht in der Kopfhöhe dem König,
und gewährleistet so (zusammen mit den schon S. 28 f.
besprochenen figuralen und farblichen Mitteln der Ver-
knüpfung) den Bildzusammenhang.

Burzūya im Gespräch mit dem weisen Inder 22 r

Burzūya hat sich in Indien eingelebt und mit seinen Bewoh-
nern Bekanntschaft geschlossen. Der vertraute Umgang mit
einem vornehmen und gebildeten Mann soll ihm, so hofft

er, den Zugang ermöglichen zu dem vor Fremden geheim gehaltenen Weisheitsbuch.

In einem Innenraum sitzt auf leuchtend rotem Polster rechts Burzūya, ihm gegenüber sein indischer Freund, ein vornehmer Hindu. Von der ruhigen, beherrschten, aber zumal in den Armen unfreien Haltung Burzūyas unterscheidet sich die seines Freundes. Die Beine, deren Oberschenkel ein Schurz verhüllt, sind weit auseinander gestellt, die Knie entblößt; goldene Reifen schmücken seine Oberarme, Hand- und Fußgelenke, der gelbe Umhang ist am Hals geknotet, er bedeckt die Schultern und hinterfängt mit glockenartiger Verbreiterung den bloßen Leib des Mannes, dessen mächtige Gestalt die des Persers überragt. Mit beiden Händen frei gestikulierend wendet er sich an Burzūya. Der gute Erhaltungszustand des Bildes läßt die Feinheit der Zeichnung – besonders am bloßen Körper des Inders, und in den Zügen seines Gesichts – erkennen. Das hohe, edle Gesicht ist gerahmt vom tiefschwarzen Bart und dem langen, gescheitelten Haar, dessen Zöpfe auf der Schulter in einem Knoten gefaßt sind. Es handelt sich um eine Bildformel, die der arabischen Malerei schon länger verfügbar war. In einer 1237 im Irak entstandenen, heute in Paris bewahrten berühmten Handschrift der Makamen des al-Ḥarīrī zeigt der Maler, al-Wāsiṭī, eine Geburtsszene mit dem indischen Gemahl der Gebärenden. Haartracht und Hautfarbe sind identisch, und auch die anderen Elemente, die so offenbar gegen den Sittenkodex der islamischen Welt – und ihre Zeichen sind es ja, in denen hier das vorislamische Persien uns vor Augen gestellt ist – verstoßen: Barhäuptigkeit, bloßer Körper, nackte Knie, offene Beinhaltung hat der Maler hier offenbar einem bestehenden Formelschatz entnommen, und damit die Verständlichkeit des Bildes über die Mitteilung des Textes hinaus gewährleistet.

Burzūya schreibt das Buch „Kalila und Dimna" ab   23v

In einem Innenraum, dessen lilarosa, palmettverzierte Zwickel auf Kapitellen ruhen, die so rot sind wie das Bodenpolster, sitzt der schreibende Burzūya in blauem Gewand. Er hockt auf seinem rechten Bein, das linke ist aufgestellt und stützt die linke Hand; sie faßt das Papier, auf dem der Gelehrte mit nur flüchtig angedeuteter Rohrfeder schreibt. Die Zeichen auf dem Blatt sind nicht Buchstaben, sondern Zahlen; ihre Bedeutung ist unklar. Sollte die Übertragung des literarischen Werks aus dem Indischen ins Arabische durch die Erinnerung an die Herkunft der arabischen Ziffern – auch aus Indien – veranschaulicht werden? Vor Burzūya steht ein niedriger Gegenstand mit anscheinend dreieckigem Grundriß; vielleicht ist ein Tintennapf gemeint.
In der Darstellung des schreibenden Burzūya als Profilfigur findet eine Formel Verwendung, die in Handschriften des 13. Jahrhunderts mehrfach für Schreiber oder Gelehrte belegt ist. Die Kleidung ist unauffällig bis auf den langen Turbanzipfel, der unter dem Arm hindurchgeführt ist und

hinter dem Rücken nach oben schwingt. Dieses Motiv ist –
mit einer Ausnahme (fol. 65 r, wo es sich am berittenen
Kadi findet) – auf die Darstellung des Burzūya in den Illustrationen zur Rahmengeschichte beschränkt (foll. 19 r,
20 r, 24 v und 26 r).

Burzūya rezitiert aus dem Buch „Kalila und Dimna"   26 r

Burzūya ist auf Geheiß des Königs aus Indien nach Persien
zurückgekehrt. Nachdem er Husrau vom Erfolg seiner
Mission berichtet hat, muß er vor den Würdenträgern des
Reiches aus dem mitgebrachten Buch vortragen.
Burzūya steht, nach links gewandt, auf einem niedrigen
Stuhl und schaut in das Buch, das er vor sich hält. Die
Zuhörerschaft besteht aus vier Männern, die zu zweien
beiderseits des Stuhles sitzen. Sie sind in mehrfacher Verschränkung aufeinander bezogen: die dem Redner näheren
schauen zu ihm auf, die beiden anderen senken den Kopf
oder wenden ihn ab. Durch den zum Kopf hin angewinkel-
ten Arm hat der eine – der als einziger keinen Nimbus hat
– den Ausdruck nachdenklicher Aufmerksamkeit. Die
Gewänder beider äußeren Figuren sind grün, ebenso der
Turban des linken (übermalt); der des rechten ist rot. Die
Kleider der beiden inneren sind farblich unterschieden – rot
links, lilarosa rechts –, doch tragen beide einen weißen
Turban; ebenso Burzūya, doch ist seiner durch Oxydation
zerstört. Burzūya ist durch das kräftige Blau seines langen

Gewandes, unter dem die weißen Hosenbeine über bloßen Füßen erkennbar sind, herausgehoben, und von den anderen unterschieden durch die auffällige Zeichnung des stark ornamentalisierten Faltenwerks, die sogen. Schnörkelfalten. Die Gesichter haben unter mutwilligen Verstümmelungen, und unter ihnen folgenden unbeholfenen Ausbesserungen stark gelitten.

Der Mann, der einen Schatz gefunden hat, sich bei   *27v*
seiner Bergung helfen läßt, und dabei betrogen wird

Ähnlich kann es dem Leser gehen – will das Gleichnis sagen –, wenn er den Text leichthin überfliegt, statt ihn sich gründlich, und Stück für Stück, anzueignen.
Am linken Rand ein jäh aufragender, nach rechts weniger steil abfallender Berg, der im Inneren eine bienenkorbartige Höhle birgt, die der Goldschatz ausfüllt. Der Finder schlägt ihn mit einer Hacke los und füllt ihn in Körbe, die dann zwei Helfer auf ihren Schultern abtransportieren; nicht in sein Haus, sondern in ihre eigenen, wie er später feststellen muß.
Alle drei tragen Gewänder, die nur bis über die Knie reichen und damit – wie auch mit den engen Manschetten der Ärmel – brauchbarer zur Arbeit sind als die sonst vorherrschenden langen, weitärmeligen Gewänder.
Das intensive Blau des Berges setzt sich in der Bodenplatte fort nach rechts. Eine im Abhang beginnende Komposi-

tionslinie führt über den Rücken des – entgegengesetzt arbeitenden – Schatzbesitzers zum doppelten Schrittmotiv seiner Helfer. Der darin enthaltene Bewegungsimpuls wird verstärkt und beschleunigt dadurch, daß die Bodenplatte über den Schriftblock hinaus auf den Rand reicht, und der Schritt des rechten Trägers noch darüber hinaus greift. In der kunstvollen Verschränkung der bloßen Beine aller drei Figuren wird ihre Geschäftigkeit anschaulich. Der Baum ist nicht bloße gegenständliche Bereicherung der Ortsangabe, sondern ein die Erzählung akzentuierendes Element, da er die Position von Kopf, Fuß und schatzpackenden Händen des glücklich-unglücklichen Finders markiert und heraushebt.

Der arme Mann vertreibt den Dieb   29r

Ein Dieb war in das Haus eines armen Mannes eingedrungen, der nicht einmal einen Mantel besaß. Der Mann bemerkte den Dieb, und beruhigte sich bei dem Gedanken, daß nichts zu stehlen sei. Als der Dieb sich aber am Vorratsgefäß zu schaffen machte, um den Weizen zu stehlen, rief der Mann ihn an. Der Dieb flüchtete aus dem Haus und ließ seinen Mantel zurück. So kam der arme Mann durch einen Zufall in den Besitz eines Mantels.
Der Maler hat auf diese Pointe verzichtet. Er zeigt zwei nach links laufende Männer in einem knappen architektonischen Rahmen als Ort der Handlung. Rechts der eigent-

liche Wohnraum mit einem breiten, flachen Bogen, und einem Dach, das wohl geöffnet werden kann (vgl. fol. 36v). Am Boden ein weinrotes, gestreiftes Polster, rechts, d.h. ganz innen, ein Kissen, Hinweis auf das Nachtlager. Links stellt der schmale Bogen den Vorraum dar, durch den der Dieb flieht; mit seinem grünen Boden ist ein Motiv des Draußen hereingenommen.

In der Erzählung erschreckt der arme Mann den Dieb, indem er ihn anruft. Im Bild dagegen wird er mit einem langen Stock geschlagen. Er scheint spätere Zutat zu sein, vielleicht gleichzeitig mit dem erneuten Titulus, der ausdrücklich den Stock nennt, mit dem der Dieb geschlagen wird.

Der Mann und der Dieb   32v

Ein Gleichnis von dem, der das ihm verfügbare Wissen nicht nutzt. Ein Mann lag zur Nacht in seinem Haus, als er einen Einbrecher bemerkte. Er beschloß, sich schlafend zu stellen, und ihn erst zu verjagen, wenn er alles, was er stehlen wollte, zusammengetragen hätte. Doch er fiel in den Schlaf, den er nur vortäuschen wollte, so daß der Dieb das Haus mit seiner Beute unbehelligt verlassen konnte.

Wieder werden der Schlafraum und ein schmaler, dem Rande naher Vorraum unterschieden. In jenem liegt der Hausbesitzer auf einem kräftigen gelben Bett mit roter Matratze. Er trägt ein blaues Gewand und ist halb von einer grünen Decke bedeckt. Seine Haltung und die geschlossenen Augen stellen Schlafen dar; dazu bezeichnet die im Scheitel des Bogens hängende Lampe den nächtlichen Zeitpunkt des Geschehens. Der Dieb, der sein Beutebündel auf der Schulter trägt, ist dem Spitzbogen des Vorraums recht genau eingeschrieben, doch überschneidet er mit einem Arm und beiden Beinen die den Vorraum begrenzenden Stützen, so daß klar ist, woher er kommt und wohin er läuft. Diese Figur wiederholt in etwas beschleunigter Bewegung den Typus der Lastträger auf fol. 27v.

Der Dieb auf dem Mondstrahl, der Händler   36r
und seine Frau

Ein reicher Händler hörte eines Nachts, daß Einbrecher auf dem Dach waren. Flüsternd befahl er seiner Frau, ihn laut nach der Ursache seines Reichtums zu fragen, und antwortete ebenso laut, er sei durch Diebstahl reich geworden. Er kenne ein Zauberwort, das den Mondstrahl so verfestigt, daß er darauf in die Häuser seiner Opfer hineingleiten und unerkannt entkommen konnte. Bald darauf öffnete sich das Schiebedach, das eben genannte Zauberwort wurde gesprochen, und einer der Einbrecher purzelte kopfüber in das Haus, wo der Händler ihn verprügelte.
Die bildliche Erzählung entwickelt sich in zwei Strängen von links her nach rechts. Oben kniet ein gelb gekleideter Einbrecher und macht sich am Dach zu schaffen; unten

sitzt die Frau des Händlers aufgerichtet im Bett, in lilarosa Gewand und weißem Gesichtsschleier, und mit einer grünen Decke über den Beinen. Beide Anfangsfiguren sind kompositionell wichtig, für die Erzählung aber Randfiguren; sie strecken ihre Arme nach rechts, der Mann zum giftgrünen verschiebbaren Teil des Daches, über dem im ehemals mehrstreifigen Blau des Himmels das Gesicht des Mondes steht, der einen goldenen Strahl in das Haus fallen läßt. Daran hängt, vergeblich Halt suchend, der stürzende Einbrecher. Unten führt die Bewegung vom waagerecht vorgestreckten Arm der Frau zu ihrem Mann; durch das blaue Tuch, das über seinen Armen hängt und seine Blöße bedecken soll, wird sie emporgeführt zum linken Arm, der einen Knüppel hält und über dem Kopf zu kräftigem Schlag ausholt. Die Schräge des Knüppels wiederholt die Diagonale von Frau, Mann und Einbrecher, an deren Ende das unmittelbar bevorstehende Aufeinandertreffen der zweigleisig angefangenen Handlungsteile liegt.

Das vom heimkehrenden Ehemann überraschte   36v
Liebespaar

Eine verheiratete Frau hatte einen Geliebten. Für den Fall, daß ihr Mann einmal unerwartet heimkäme, war ein unterirdischer Fluchtweg vorbereitet. Eines Tages kehrte der Ehemann wirklich vorzeitig nach Hause zurück und klopfte an die Tür.

Diese Situation ist in äußerster Knappheit dargestellt. Rechts am Rande, draußen am verschlossenen Tor (blau unter rotem Mauerwerk) steht der bärtige Ehemann im langen grünen Mantel; mit der rechten Hand greift er den goldenen Türklopfer. In seiner Wendung nach links ist er der drinnen sich abspielenden Szene zugewandt, wo das Liebespaar in vertrautem Gespräch verweilt. Anders als im letzten Bild die züchtige Ehefrau, trägt die untreue Gattin keinen Gesichtsschleier; so ist der Schönheitsfleck auf ihrer Wange gut zu sehen. Ihre gelassene Haltung kontrastiert mit der unruhigen des jugendlichen Freundes, in der sich schon das Erschrecken über das Klopfen auszudrücken scheint.

Der Ehemann schlägt den Liebhaber seiner Frau 37r

Das Bild stellt das Ende der mit dem letzten Bild begonnenen Geschichte dar. Der Liebhaber fand den Wasserkrug (ḥubb; die Handschrift hat das geläufigere ǧubb, Zisterne) nicht, den die Frau als Erkennungszeichen an den Eingang des Fluchtweges gestellt hatte. Darüber gerieten beide in Streit, den erst der Ehemann beendete, der den Liebhaber packte, verprügelte und vor die Obrigkeit brachte.
Hilflos, und ohne helfend einzugreifen, steht die Frau mit erschreckt-abwehrender Geste da und sieht zu, wie ihr Liebhaber unter den Schlägen ihres erzürnten Mannes zu Boden stürzt.

Ihre Bildfunktion gleicht der der Frau des Händlers in fol. 36r, doch beginnt hier die Bewegung beim heftig bewegten Ehemann und kommt mit ihr zur Ruhe. Während der Mann in leuchtend gelbem Gewand dargestellt ist – der Wechsel der Kleidung verdeutlicht den Fortgang der Geschichte: draußen stehend trug er einen langen Mantel, dies ist ein Hausgewand –, sind die Gewänder von Frau und Liebhaber wiederum rot und grün und gewährleisten die Einheit von Ort und Zeit.

Das Bild ist größer als das daneben stehende erste: der Pointe wird größere Aufmerksamkeit zuteil.

Der Hund mit dem Knochen und sein Spiegelbild   *38v*

Ein Hund, der einen Knochen im Maul trug, kam an einem Wasser vorbei und sah darin sein Spiegelbild. Voller Gier schnappte er nach dem Knochen im Maul des vermeintlichen Rivalen und ließ dabei seinen Knochen fallen, ohne den anderen zu erlangen.

Gegenstand des Bildes ist weniger die unbedachte Handlung des Tieres, der die moralisierenden Überlegungen des Autors gelten, als das Tier selbst, in prachtvoller Monumentalisierung. Wenige Elemente sind zusammengefügt: eine dichte grüne Bodenplatte, schlanke, dickblättrige Stauden, deren rote Knospen sich über dem Rücken des Hundes einander zuneigen, und das Wasser, das in bauchigem, an ein Goldfischglas erinnernden Umriß den knappen, Landschaft bezeichnenden Formeln beigefügt ist. Die Spiegelung zeigt nicht, was sich dem Blick des menschlichen Betrachters zeigen würde, die Wiederholung von Gras, Stauden und Tier, sondern nur das, was dessen Aufmerksamkeit erregt: den Hund mit dem Knochen.

Die Zeichnung der verdoppelten Hundegestalt ist von äußerster Präzision, die in einem Detail besonders deutlich wird: in der zarten Linie, die im Weiß des Fells der Bauchlinie parallel geführt und ihrerseits von einer Punktreihe begleitet wird. Bestimmend für die Gestalt ist der sichere Wechsel verschiedenartiger Bögen, die nur vereinzelt in Zuspitzungen enden; wodurch das Tier als ein geschmeidig schreitendes, alle seine Bewegungen beherrschendes charakterisiert ist. Weitgehende Stilisierung schlägt um in den Eindruck großer Natürlichkeit.

Der Mann über dem Abgrund, die Schlangen,   40r
der Drache und die Ratten

Ein Mann war aus Angst vor einem Elefanten in einen Brunnen gesprungen, in dem er sich an den Zweigen zweier Bäumchen festhalten konnte. Bald bemerkte er, daß er auf vier Schlangen stand, die ihre Köpfe aus ihren Schlupflöchern streckten. Unten am Grund des Brunnens lag ein Drache mit aufgerissenem Rachen, bereit, ihn zu verschlingen, sobald er losließe. Als er seinen Blick wieder hob, sah er zwei fette Ratten, eine schwarze und eine weiße, die an den Wurzeln der Pflanzen nagten, die ihm Halt gaben. Während er über seine mißliche Lage nachdachte, bemerkte er dicht vor sich einen Zweig mit etwas Honig daran. Er probierte davon und vergaß über der Süße des Geschmacks seine trostlose, vielfach bedrohte Lage.

Schroff abfallende Felsen bilden einen festen Sockel. Auf abschüssigem Rand stehen die Füße des Mannes neben den Bäumen, die ihn überragen. Je zwei Schlangenköpfe sind unter seinen Füßen sichtbar. Sein weiter Schritt überspannt den Abgrund des Brunnens, in dem der Drache lauert, dessen schlangenartiger Leib durch einen doppelten Knoten an Volumen, und damit an anschaulicher Bedrohlichkeit gewinnt. Er scheint seine Vorbilder in astronomischen Traktaten oder in den entsprechenden Abschnitten kosmographischer Werke zu haben. (Das Wasser, aus dem er sich aufrichtet, ist infolge von Oxydation von ungewisser Farbigkeit; der zum Gesicht des Mannes reichende honigsüße Zweig ist gänzlich verwischt.)

Der Maler hat darauf verzichtet, den Brunnen wiederzugeben, und hat statt dessen die Gefahr des Stürzens dadurch sinnfällig gemacht, daß er die weit ausgebreitete Männergestalt – deren Nacktheit den Eindruck großer Gefährdung noch verstärkt – völlig freistellt.

Auf dieser Seite beginnt das umfangreichste Kapitel des
ganzen Buchs, das Kapitel über den Löwen und den Stier.
Die Überschrift ist durch Größe und Farbe – sie ist rot –
aus dem fortlaufenden Text herausgehoben, was auch die
schwarzweiße Abbildung erkennen läßt. In den ersten
beiden Zeilen des neuen Kapitels stellt der indische König
dem Philosophen die Frage, wie es geschehen kann, daß
zwei Freunde durch die Machenschaften eines Dritten
entzweit und in Feindschaft getrieben werden. Löwe und
Stier – der König und sein zeitweiliger Minister – dienen
zur Vergegenwärtigung dieser Situation, in der der Schakal
Dimna, einer der Titelhelden, die unrühmliche Rolle des
Ränkeschmiedes spielt.
In der ersten Geschichte, deren Anfang der Schreiber wiederum farblich, nicht aber durch besondere Größe hervorgehoben hat, wird zunächst die Geschichte des Stieres
Šanzaba erzählt.

Der Kaufmann und seine Söhne   *41 v*

Ein reicher Kaufmann hatte mehrere erwachsene Söhne,
die, anstatt selber für ihren Lebensunterhalt zu sorgen, den
Besitz des Vaters vertaten. Der Vater redete ihnen endlich
ins Gewissen und stellt ihnen in deutlichen Worten die
wichtigsten Aufgaben eines erwachsenen Menschen und
die Voraussetzungen zu ihrer Erfüllung vor Augen.

Das Bild setzt den Vater links und zwei seiner Söhne, die zu einer Doppelfigur zusammengefaßt sind, gegeneinander. Wichtig ist das Gespräch: die Arme stoßen über den geschlossenen Kontur der auf dem Boden Sitzenden heraus und enden in Gesten des Sprechens. Die Distanz zwischen linker und rechter Figur ebenso wie die unterschiedliche Wertigkeit der drei dargestellten Männer – dem allein Sitzenden kommt größeres Gewicht zu als den beiden zu einer Figur zusammengefaßten – dienen der Verdeutlichung ihrer Beziehung, zugleich ist der Abstand die Voraussetzung dafür, daß die Gesten des Sprechens als Distanz überbrückende sinnfällig werden können.

Zwei Rinder ziehen einen Karren 42r

Der älteste Sohn des Kaufmanns nahm sich des Vaters Ermahnungen zu Herzen und ging fort, um in seinem Namen Handel zu treiben. Er traf auf einen von zwei Stieren gezogenen Wagen. Der eine der beiden – mit Namen Šanzaba – war völlig erschöpft. Der Kaufmannssohn ließ ihn ausspannen und bestimmte einen Mann, der bei dem Tier bleiben und im Falle der Erholung es seinem Besitzer zurückgeben sollte. Doch der Mann verließ das Tier bald und meldete, es sei gestorben.
So, wie die Geschichte, mit der auffallenden Sorge um das Wohl des Rindes, die indische Herkunft nicht verleugnet, so ist auch die Darstellung im Rahmen der arabischen

Malerei ganz ungewöhnlich. Zweirädrige Rinderkarren sind bis heute das verbreitetste Transportmittel im ländlichen Indien; in der islamischen Welt wurden Transporte auf dem Rücken von Tieren oder durch menschliche Träger durchgeführt.

Der sattgelbe Wagen ähnelt in seiner Verzierung auf schwarzem Grund dem Thron des Königs Anūširwān (fol. 19r), seine roten Räder korrespondieren farblich mit der Rückendecke des vorderen Stiers, und den Knospen des Baumes. Der im Wagen sitzende, die Stiere mit dem Stock lenkende Jüngling trägt ein kräftig blaues Gewand und einen Turban, dessen weiße Farbe im gescheckten Fell des vorderen Stiers wiederkehrt. Dieser Stier ist Šanzaba. Auffällig durch sein geschecktes Aussehen, neben dem das Graubraun des anderen Zugtieres zurücktritt, und ausgezeichnet durch die rote Decke, ist er charakterisiert durch den müde hängenden Kopf und den verharrenden Schritt, Züge, die ihn unterscheiden vom zurückgeworfenen Kopf und dem unruhigen Scharren des hinteren Stiers. So wird sichtbar, daß Šanzaba erschöpft und unfähig ist zu weiterem Zugdienst.

Kalīla und Dimna, die beiden Schakale 44v

Erst im vierten Abschnitt des Werkes treten die beiden Schakale auf, deren Namen das Werk in seiner arabischen Fassung trägt, Kalīla und Dimna. Sie lebten am Hof des

Königs der Tiere, des Löwen, ohne daß seine Aufmerksamkeit je auf sie gefallen wäre. In einem langen Zwiegespräch legen sie einander ihre Lebenspläne, und damit ihre Charaktere, dar. Beide sind Höflinge von respektablem Ansehen, aber Dimna ist mit seiner Stellung nicht zufrieden. Er strebt nach Höherem und möchte Einfluß bei Hofe gewinnen.

Gegenstand des Bildes ist dieses Gespräch der beiden Brüder, die durch spatere Beischriften benannt sind. Die heraldische Gegenüberstellung und weitgehende Symmetrie der Stellung beider Tiere zueinander und der beiden Pflanzen hinter ihnen – und auch die Akzentuierung der Mitte der Bodenplatte durch die goldene, oben zugespitzte knospenartige Rundform – ergeben eine große Klarheit der Komposition.

Gerade diese Klarheit erlaubt es dem Maler, mit geringen Abweichungen vom Schema inhaltlich bedeutsame Züge herauszustellen. Während der Unterschied in der Stellung der buschigen Schwänze nichts zu besagen hat (doch paßt die aufgestellte Lunte Kalīlas gut dazu, daß er spricht), kommen der Unterscheidung von lichtem Braunrosa bei Kalīla und der dunkleren, durch Blaubeimischung getrübten Farbe Dimnas wohl metaphorische Qualitäten zu; eine inhaltliche Bedeutung von Farbunterschieden ist schon in der Malerei des 13. Jahrhunderts nachweisbar. Vor allem aber drückt die unterschiedliche Behandlung der Bäume wesentliche, im Text ausgeführte Charakterzüge beider Brüder aus. Neben dem ausgeglichenen, gradlinigen Kalīla steht die Pflanze, deren Zweige sich gleichmäßig ausbrei-

ten, und von kleinen, regelmäßig geformten Blättern besetzt
sind. Die Pflanze hinter Dimna hat dagegen einen kräftiger
entwickelten Ast, mit größerer Knospe und höherer Reich-
weite; und zwei lange, im Gegensinn sich um den Stamm
windende Blätter sind ein anschauliches Äquivalent zum
ränkevollen, undurchsichtigen Charakter Dimnas.

Dimna stellt sich dem Löwen vor   45r

Nachdem Dimna seinem Bruder erklärt hat, daß der
Mensch – so unvermittelt spricht Ibn al-Muqaffaʿ häufig
aus tierischem Mund –, der diesen Namen verdient, nur an
zwei seiner würdigen Orten sein Leben verbringen kann:
am Königshof, inmitten der Ehren, oder unter den Einsied-
lern, in Devotion, und daß Ähnliches auch für die Elefanten
gelte: freies Leben in der Wildnis, oder Dienst beim König,
begibt er sich zum Löwen.
Dimna sitzt als eine zarte Gestalt zwischen den mächtigen,
mit goldenen Mähnen versehenen Profilfiguren zweier
Löwen; die erhobene Pfote zeigt wie das offene Maul, daß
er redet, das leicht geneigte Haupt des rechten Löwen, dem
er zugewandt ist, dessen Aufmerksamkeit.
Die Macht darstellerischer Konventionen zeigt sich darin,
daß ein zweiter Löwe dem ersten gegenübergesetzt ist, ohne
daß er vom Text gefordert ist, zur Sicherung des heraldi-
schen Kompositionsschemas. Später (fol. 68r) findet sich

eine – unter Verzicht auf die Mittelfigur – fast wörtliche Wiederholung; dort ist das Gespräch des Löwen mit seiner Mutter Gegenstand der Darstellung.

Die folgenden drei Illustrationen (eine wird nicht abgebildet) gehören zu einer fortlaufenden Geschichte „Vom Dieb, vom Fuchs, und von der Frau des Schuhmachers", die ein Einsiedler erlebte, und die davor warnen soll, aus den augenscheinlichen Wirkungen auf ihre Ursachen zu schließen.

Der Einsiedler, die Steinböcke und der Fuchs   *48v*

Ein Einsiedler trifft auf einer Reise auf zwei kämpfende Steinböcke. Während er dem Kampf zuschaut, nähert sich ein Fuchs, den der Geruch des Blutes anzieht, das von den Stirnen fließt. Noch bevor der Kampf entschieden und beendet ist, beginnt er, das Blut aufzulecken; er gerät zwischen die bewehrten Stirnen der Widersacher und wird von ihnen unabsichtlich getötet. Nicht die Böcke tragen Schuld an seinem Tod, wie es den Anschein hat, sondern der Tote selbst mit seiner Gier.

In heraldischer Gegenüberstellung sind die kämpfenden Tiere im Ansprung dargestellt, wie sie einander mit den gehörnten Stirnen bedrängen. Zu ihren Füßen liegt der tote Fuchs – er ist wegen der schlechten Erhaltung nur an den angewinkelten Hinterläufen und der buschigen Lunte erkennbar. Ganz am Rand steht der Eremit, erkennbar an der charakteristischen Kleidung. Ein Baum gibt nur eine knappe Ortsbestimmung und ist zugleich kompositionelles Gegengewicht zum Einsiedler. Die abwechselnd blauen und roten Knospen reichen so weit, daß eine fallende Linie sie mit den Hörner-Enden der Böcke und dem Scheitel des Einsiedlers verbindet.

Der Einsiedler und der mißlungene Giftanschlag   49r
der Alten

Auf seiner Reise mußte der Einsiedler einmal in einem Bordell übernachten. Eines der Mädchen hatte einen Liebhaber, dem zuliebe sie andere Kunden vernachlässigte. Darüber war die alte Zuhälterin so zornig, daß sie beschlossen hatte, den Liebhaber mit Gift umzubringen. Gerade in dieser Nacht schlich die Alte herbei, als der Mann bei seinem Mädchen lag, und wollte ihm mit Hilfe eines Blasrohrs Gift in den Hintern blasen. Doch ihn rettete ein Zufall. Denn eben, als sie das Rohr zum Mund nahm, ließ er einen Furz, der ihr das Gift in den Rachen trieb, so daß sie selbst daran zugrunde ging.

Den architektonischen Rahmen, der Rot für die Eckzwickel, Lilarosa für das Dachdreieck und die Wände, und ein dunkles Grün für den Boden verwendet, beherrscht die mächtige Bettstatt, auf der das Liebespaar liegt. Das blaue Tuch, das sie bedeckt, und sich ebenso vom lichten Rosa des Inkarnats wie vom Orangerot des die Bettstatt verhängenden Lakens absetzt, schwingt rechts leicht konkav ein und ermöglicht so die drastische Schilderung des Giftanschlags. Indem der Schwung links wiederholt wird, entsteht eine monumentale Mittelfigur von beträchtlichem figuralen Eigenwert, zumal die symmetrische Faltenbildung des Stoffs von der Form der von ihm bedeckten Leiber weitgehend unabhängig ist. Links am Rand, also außen, sitzt der beobachtende Einsiedler, im gleichen Gewand wie zuvor; ruhig angelehnt und ganz eingefügt in den Winkel von Wand und Boden – eher Teil des Rahmens als des Geschehens. Das gilt nicht von der grüngewandeten Giftmischerin, obwohl sie ihm in gewisser Weise entspricht. Sie ist ganz vor den hellen Grund gesetzt und so schon durch ihre Position zum Geschehen gehörig, das der Rahmen einschließt; vor allem aber durch die Beschaffenheit ihrer Gestalt, die durch zwei Bögen – den stark gekrümmten ihres Rückenkonturs, und den flacheren, von Fuß, Bein, Ärmelöffnung und Gesicht gebildeten – gänzlich auf das Zentrum, das Liebespaar hin geöffnet ist.

Ein prüder Vorbesitzer hat die Geschichte durch mutwilliges Verwischen verunklärt und „entschärft".

Zwei Männer, eine Frau und der Eremit   *50v*
vor dem Richter

Infolge einer mutwilligen Verwechslung zweier Frauen hatte der betrogene Ehemann, der Schuhmacher, der Nachbarsfrau die Nase abgeschnitten, weshalb diese aber ihren eigenen Mann, einen Barbier, als den Schuldigen vor den Richter brachte. Als er verurteilt wurde, trat der Einsiedler vor den Richter und erzählte, was er auf dieser Reise erlebt und gesehen hatte und stellte klar, daß so, wie er selber für einen erlittenen Diebstahl verantwortlich war und nicht der Dieb, so auch der Fuchs, die Bordellwirtin und die Frau des Barbiers selbst schuldig waren an dem Unglück, das ihnen zugestoßen war.

Diese Illustration ist deshalb ungewöhnlich, weil sie Leute vor dem Kadi darstellt, die nicht tatsächlich, sondern nur in der Erzählung des Einsiedlers vor ihn traten, eine imaginäre Versammlung also. Wie die ursprüngliche Bildlegende hieß, wissen wir nicht; die später nachgetragene – Zeile 3 und 4 oberhalb der Illustration – hat die Situation jedenfalls nicht mehr verstanden; sie sagt, es sei „Das Bild des Richters, des Barbiers, seiner Frau und ihrer Angehörigen, und des Eremiten, der dem Richter erzählt, was vorgefallen war".

Links, auf der Innenseite, sitzt der Richter, auf einem Thron dargestellt wie ein Herrscher (z.B. foll. 19 r und 104 r), von dem ihn aber sein Gewand unterscheidet. Das Blau unter dem weißen Umhang setzt ihn deutlich ab von seiner Klientel, zu der es doch farbige Beziehungen gibt: durch das Rot des Tuchs auf seinem Sitz (zum Kleid des Einsiedlers) und durch das Rot-gemusterte Gelb der Rückenlehne (zum Barbier). Der Einsiedler hat zu Recht eine Mittlerstellung: als eine Art Kronzeuge steht er dem Richter am nächsten, wie er trägt er einen schwarzen Vollbart, wie er einen über den Kopf hochgezogenen Umhang; doch hat seiner ein milchiges Grün, das heute zwar durch

Grünfraß fast völlig zerstört ist, ehemals aber eine Verklammerung mit dem Mann ganz rechts geleistet haben dürfte, der dunkelgrün gekleidet ist; während die Frau über ihrem heller grünen Kleid einen lilarosa Mantel trägt, der sie aus dem Farbgefüge ähnlich – allerdings weniger entschieden – heraussondert wie das Blau den Richter.

Der Kranich und der Krebs 52r

An einem fischreichen Teich lebte ein alter Kranich. Als er nicht mehr fischen konnte, sah er betrübt seinem baldigen Ende entgegen. Ein Krebs fragte ihn nach der Ursache seines Kummers und erhielt die Antwort, der Kranich habe zwei Fischer verabreden hören, den Teich in Kürze bis zum letzten Fisch abzufangen. Da er davon lebe, sei er beunruhigt. Die Fische hörten dies, erschraken, und sannen nach, wie sie sich in Sicherheit bringen könnten; da bot der Kranich an, jeden Tag zwei von ihnen an einen sicheren Ort zu bringen, und sie stimmten gern zu. Eines Tages nahm er den Krebs auf seine Bitten hin mit. Beim Anflug auf das neue Gewässer sah der Krebs große Mengen von Gräten, und ihm wurde schlagartig klar, daß der Kranich das ihm entgegengebrachte Vertrauen schändlich mißbraucht hatte. Um einem gleichen Schicksal zu entgehen, packte er augenblicklich mit aller Kraft den Hals des Kranichs und erwürgte ihn.

Das Bild enthält keinen Hinweis auf die Vorgeschichte und die Umstände: kein Wasser, keinen Fisch, keine Gräten.

Der Kampf auf Leben und Tod ist sein einziges Thema. Der gelborange Felsgrund, der Boden und die Bäume bezeichnen in sehr allgemeiner Weise den Ort des Kampfes; letztlich sind sie aber nur Folie für die Figur, zu der der Kampf verdichtet wurde. Eindrucksvoll ist der Kontrast zwischen dem großen Bewegungsreichtum des Vogels und dem unbeweglich wie ein Stein an seinem Hals hängenden Krebs. Doch erstaunlicher ist, wie das Sterben des Kranichs in eine Formel pathetischer Hilflosigkeit umgesetzt wurde. Neben dem kleinteilig gefiederten Rumpf lange Federn der Flügel, in goldenen Schultern zusammengefaßt. Die Flügel sind ausgestellt, aber es fehlt schon die Kraft, sie zu vollem Flügelschlag zu entfalten. Die Beine stehen nicht mehr, sondern sind weit gespreizt. Der Hals ist in großem Bogen parallel zum linken Flügel und zurück zum Fuß geführt, den der leicht geöffnete Schnabel berührt; sein Echo findet dieser Bogen in dem weiter ausholenden, den der Kontur des oberen Flügels bildet.

Der Hase und der Löwe   *53r*

Zum Beweis dafür, daß der Schwache den Starken gelegentlich durch List besiegen kann, erzählt Dimna seinem Bruder diese Geschichte:
Die Tiere waren dem Löwen tributpflichtig und mußten ihm jeden Tag einen der Ihren ausliefern. Um diesem bedrückenden Zustand ein Ende zu machen, ging eines Tages

ein Hase ohne das Tier, das er ihm bringen sollte, zum Löwen und berichtete zur Begründung, ein anderer Löwe hätte das Tier verlangt, da ihm die Herrschaft und der Tribut gebühre. Erzürnt wollte der Löwe wissen, wo jener sei, und der Hase erbot sich, ihm den Rivalen zu zeigen. Er brachte ihn zu einem tiefen Wasserloch und sagte, nach dort unten habe jener Löwe sich zurückgezogen. Als der Löwe hinabschaute und sein Spiegelbild sah, hielt er es für den Gesuchten und sprang hinab, um mit ihm zu kämpfen; und er ertrank.

Das Wasserloch ist eingefaßt von rotbraunen Felsblöcken, deren unterschiedliche Breite sich an Größe und Rang der darauf postierten Tiere bemißt. Der linke Fels ist kahl, darauf sitzt der Hase mit erhobener Pfote; auf dem begrünten rechten Fels steht der Löwe in einer Haltung, die Voranschreiten und Verharren verbindet, und schaut aufmerksam hinab ins Wasser und auf sein Spiegelbild. Dieser Figur liegt das gleiche Bewegungsschema zugrunde wie dem Hund mit dem Knochen (fol. 38v). Andere Proportionen des gesamten Leibes und einzelner Gliedmaßen sowie die unterschiedliche Zeichnung von Kopf und Schwanzende ergeben ein Bild des Löwen, das den Eindruck großer Naturtreue erweckt.

Wie in jenem Bild, so stellt auch hier das Spiegelbild nicht objektiv „richtige" Verhältnisse dar, sondern, was für beide Tiere das Wichtige ist: das Gegenüber des anderen Tiers, das sie in ihrem Spiegelbild zu erkennen meinen.

Drei Fische: der eine schlau, der andere sehr schlau, der dritte aber schwerfällig, lebten in einem Teich. Zwei Fischer kamen des Wegs und beschlossen, in Kürze mit Netzen zurückzukehren, um die drei Fische zu fangen. Dem schlausten der Fische war ihr Verweilen verdächtig, und er schwamm durch eine Verbindung zum Fluß davon. Der zweite merkte, als die Fischer zurückkamen, daß sie die Verbindung unterbrochen, und eine Flucht unmöglich gemacht hatten. So beschloß er, einen Trick zu versuchen. Er stellte sich tot und wurde zwar gefangen, aber beiseite geworfen; und es gelang ihm, ins Wasser zurückzukommen. Der dritte aber geriet in nutzlose Aufregung und wurde endlich Beute der Fischer.

Ein linsenförmiger Fischteich ist mit dem üblichen grünen Bodenstreifen eingefaßt. In der Mitte steht darauf eine großblättrige Staude, deren zwei symmetrische Blattpaare durch ein weiteres stark eingerolltes zusammengefaßt werden; möglicherweise ist es eine Metapher für die Hinterlist der Fischer (vgl. S.69). Wie das Aussehen der Felsen sich von Bild zu Bild ändert, so auch das Wasser; allerdings bleibt die Farbe blau und die Musterung wechselt, während die Binnenzeichnung der Felsen kaum variiert, während die Farbe große Unterschiede aufweist. Die beiden Fischer, ursprünglich beides bartlose Jünglinge, tragen kurze Kleider mit engen Manschetten, dazu beide einen weißen Turban. Mit bloßen Füßen stehen sie auf der Bodenplatte; das hintere Bein ist leicht angewinkelt und vom

Teich scheinbar verdeckt. Die weißen Fäden des Netzes, das beide halten, ist nur schwer zu erkennen; ebenso die beiden Fische, die im Netz zappeln. Der dritte ist nicht gezeigt – er hat sich zuvor in Sicherheit gebracht.

Dimna im Gespräch mit dem Stier 57r

Dimna hat durch verleumderische Reden den Löwen gegen seinen Minister, den Stier Šanzaba, aufgebracht. Anschließend ging er zu Šanzaba, um nun ihn gegen den König aufzuhetzen. Šanzaba betont seine völlige Ergebenheit gegenüber dem Löwen und meint, wenn der Löwe etwas gegen ihn hätte, müsse das Folge fremder Einflüsterungen sein.

Beide Tiere stehen sich als Profilfiguren gegenüber. Der mächtige, gescheckte Stier hat den Kopf gesenkt, während der zierliche Schakal seinen hochreckt –: ein Unterschied, der sicher beide charakterisiert, zugleich aber ermöglicht, daß sie einander ins Auge blicken, was eine gute Art ist, ein Gespräch sichtbar zu machen, wo Gesten der Rede fehlen müssen.

In dieser Illustration wird deutlich, daß dem Maler eine umfassende Ausgewogenheit der Komposition wichtiger war als die Durchführung strenger Symmetrie. Der Baum, der den Bildraum schafft, nimmt nicht, wie leicht denkbar wäre, die Mitte ein; sie ist auch nicht besonders betont – was auch die Verteilung der goldenen Knospen in der Bodenplatte zeigt –, doch befinden sich der Kopf des Stiers und die gesenkte rote Knospe (eine weitere rote gibt es oben links, eine blaue oben rechts) auf der Mitte. Indem Dimna vor dem Baum steht, hat er das Gewicht, das ihn neben der auch durch den Kontrast von Schwarz und Weiß gewichtigen Gestalt des Stiers bestehen läßt.

Löwe, Schakal, Wolf und Rabe töten das Kamel   59 v

Zur Erläuterung seiner Überzeugung, daß der König allenfalls infolge fremder Anstiftung etwas gegen ihn plane, erzählt Šanzaba Dimna diese Geschichte:

Zum Löwen, dessen ständige Gefährten Schakal, Wolf und Rabe waren, kam einmal ein Kamel, das einer Karawane entkommen war. Es suchte die Freundschaft des Löwen, und der Löwe nahm es unter seinen Schutz und gesellte es seinen Gefährten bei. Als der Löwe im Kampf mit dem Elefanten (illustriert auf fol. 58 v) schwere Verletzungen erlitten hatte und zur Jagd nicht fähig war, da hungerte er ebenso wie seine drei alten Gesellen. Schließlich schlugen sie ihm vor, er solle das Kamel töten, doch wies er diesen Vorschlag ab, weil er sich durch sein Versprechen gebunden fühlte.

Da heckten die drei einen Plan aus, zu dem sie auch das Kamel überredeten. Jeder von ihnen, so schlugen sie vor, sollte sich selbst dem König als Fraß anbieten. Die übrigen würden sofort protestieren, und nichts würde geschehen; nur hätten sie den König durch diese Ergebenheitsadresse sich weiterhin verpflichtet. Es begann wie verabredet. Erst als das Kamel als letztes sich als Opfer anbot, stimmten die drei anderen zu, lobten die großzügige Geste des Kamels — fielen über es her und zerrissen es.

Das graurosa Kamel liegt auf dem Rücken. Rechts schlägt der Löwe die Zähne in den Hinterlauf, links beißen Wolf und Schakal in den Hals, obendrauf steht der Rabe und pickt an einem Vorderlauf. Der pathetische Ausdruck des Leidens kulminiert im angstvoll aufgerissenen Auge des Opfers; doch liegt der ganzen Figur dieselbe Pathosformel zugrunde, wie auf fol. 52r dem sterbenden Kranich: eine unübliche Ansicht (beim Vogel vom Rücken, hier vom Bauch aus), weit gespreizte Beine, der weit zurückgenommene Hals und der von der Seite gezeigte Kopf mit geöffnetem Maul (Schnabel).

Der Eifer, mit dem die hungrigen Mörder einträchtig den Fraß beginnen, wird dadurch betont, daß die drei Vierbeiner auf die Hinterläufe gestellt sind.

Zwei Nachlässigkeiten fallen auf: Hinterläufe und Oberkörper des Wolfs sind nicht richtig aufeinander bezogen; und der Stamm des Baumes links beginnt nicht, wie üblich, an der Bodenplatte.

Die beiden Enten und die Schildkröte 60v

Zwei Enten und eine Schildkröte lebten in guter Freundschaft an einer Quelle. Als sie zu versiegen drohte und die Enten fortziehen wollten, war die Schildkröte so unglücklich, daß die Enten ihr vorschlugen, sie mit sich durch die Lüfte zu tragen. Sie würden einen Stock zwischen sich nehmen, an dem sich die Schildkröte mit dem Maul festhalten müsse; keinesfalls dürfe sie unterwegs sprechen.

Als sie derart über ein Dorf flogen, schauten die Menschen staunend zu der merkwürdigen Gruppe hinauf. Das bemerkte die Schildkröte, und sie wollte voller Stolz auf das ganz Ungewöhnliche ihrer Lage aufmerksam machen –: da fiel sie herab und war tot.

Die Darstellung zeigt in weitgehender Symmetrie oben die beiden Enten mit der hängenden Schildkröte, unten zwei Männer, die voller Staunen die Hände aufheben. Leichte Verschiebungen – z.B. der Schildkröte an der Stange, oder im nach links gerichteten Laufschritt beider Männer – weichen von der scheinbar vollkommenen Symmetrie ab und erlauben es, den Verlauf der Handlung von rechts nach links gegen das Schema leicht erkennbar zu machen. Die in sich gewundene und vergleichsweise komplizierte Körperhaltung des Mannes in Rot wird imitierend aufgenommen in der Drehung des linken der beiden großen Blätter der Mittelstaude.

Dem starken farblichen Kontrast der Gewänder entspricht ein geringerer zwischen den beiden Enten.

Der Löwe tötet den Stier Šanzaba 62v

Dimnas Intrigen gegen den Stier hatten endlich Erfolg; der Löwe entzog ihm sein Vertrauen und tötete ihn endlich.

Abermals ist ein sehr differenziertes Bild eines tödlichen Kampfes gegeben. Löwe und Stier stehen einander gegenüber. Der Löwe hat aus dem Stand heraus und ohne erkennbare Anstrengung den Stier mit der Pranke geschlagen und mit mächtigem Biß gepackt. Der Stier scheint sich nicht aktiv zu wehren, sondern er versucht, der Attacke zu widerstehen. Seine Vorderläufe sind fest gegen den Boden gestemmt, der Kopf ist tief gesenkt. Die Hörner berühren zwar die Brust des Löwen, doch nicht im Stoß; der Kopf ist nicht zum Angriff gesenkt, sondern als Zeichen beginnenden Zusammenbruchs.

In auffälligem Kontrast zu der üblichen Form des Baumes, wie einer sich über dem Stier ausbreitet und zur Mitte neigt, steht der Baum hinter dem Löwen mit seiner ungegliederten, einer durchgehenden Bewegung gehorchenden Krone. Dieser Baum-Typ ist in der arabischen Malerei des 13. Jahrhunderts verbreitet; in dieser Handschrift tritt er nur selten auf. Es scheint, er ist an diese Stelle gesetzt worden, um die Kraft und Eindeutigkeit der Aktion des Löwen zu unterstreichen.

Ein Besitzer hat seinen Namen in hebräischer Schrift (s. S. 21) so in das Bild gesetzt, daß eine Tilgung nur unter Zerstörung des Ganzen denkbar wäre. Insofern erfüllt die Placierung einen praktischen Zweck. Zugleich aber ist sie insofern sinnvoll, als der Eigenname Aṣlān die Bedeutung „Löwe" hat; so ist klar, weshalb der Name in dieses und nicht etwa in das vorangehende oder folgende Bild gesetzt wurde: hier ist der Löwe als Sieger dargestellt, der Wahl des Platzes kommt eine Art apotropäischer Qualität zu.

In einer kalten Nacht sahen einige Affen ein Glühwürmchen leuchten. Sie hielten es für Feuer und schichteten Holz über ihm auf in der vergeblichen Hoffnung, ein wärmendes Feuer zu bekommen. Ein Vogel, der von einem benachbarten Baum zusah, versuchten den Affen ihren Irrtum zu erklären. Ein Passant wies ihn auf die Vergeblichkeit seiner Erklärungen hin, doch der Vogel flog zu den Affen herunter. Da packte ihn einer und tötete ihn, indem er ihn auf den Boden warf.

Zwei knospenreiche Bäume, ein weitverzweigter links und ein schlanker rechts konstituieren den Bildraum, in dem zwei Affen mit der Vorbereitung des Feuers beschäftigt sind. Der linke steht fast aufrecht und weist mit einer Hand herab zum Holzstoß, an dem der andere in einer Haltung beflissener Geschäftigkeit hantiert. Die im Verhältnis zu ihrem Tun etwas outrierte Beweglichkeit dieser Tiere steht in der Tradition kosmographischer Illustrationen, wo Mischwesen, als halb Mensch, halb Tier beschrieben, durch ähnliches Betonen der Beweglichkeit aller Glieder und Gelenke charakterisiert werden. Der gutmütige Ausdruck der Gesichter scheint der Grausamkeit ihrer Handlung zu widersprechen. Zu Füßen des linken Affen liegt der Vogel, eine Taube, mit etwas aufgestellten Flügeln und über den Nacken hängendem Köpfchen. Das Blaugrau wird aufgenommen im (ehemals kräftigen, heute durch Oxydation verunklärten) Blau dreier Knospen am linken und einer am rechten Baum.

Nachdem der Löwe den Stier getötet hatte, sind ihm Zweifel an der Rechtmäßigkeit seines Handelns gekommen. Schließlich vertraute er sich seiner Mutter an; sie hört seine Klagen und Selbstvorwürfe an und wendet seine Aufmerksamkeit auf den entscheidenden Anteil Dimnas an der unheilvollen Entwicklung. In diesem Gespräch liegt die Voraussetzung für die bald folgende Gefangennahme und die Verurteilung Dimnas, über die der ehrbare Kalīla so betrübt ist, daß er stirbt.

Das Bild mit den beiden einander gegenübersitzenden Löwen – rechts der Löwe, mit nachdenklich gesenktem und etwas schräg gestelltem Kopf, links seine Mutter, mit etwas leichterem Körperbau, schmalerer Mähne und erhobenem Kopf, den Blick auf den bedrückten Sohn gerichtet – wiederholt wörtlich die beiden Löwen auf fol. 45 r. Statt des Schakals nimmt hier eine Staude die Mitte ein, deren eines Blatt etwas gewunden ist, davor eine goldene Knospe in der Bodenplatte. Dazu gekommen sind die beiden Bäume, die sowohl das Bildfeld weiten und festigen als auch mit ihren nach innen geneigten Zweigen Mutter und Sohn bogenartig umfangen, darüber hinaus vielleicht die derzeitige Überlegenheit der Mutter des Löwen veranschaulichen; und schließlich eine kleinteilige farbliche Differenzierung bringen, die zu den großflächigen Tierleibern lebendig kontrastiert.

Ein Vogelfänger hatte ein Netz gelegt, in dem sich ein Schwarm Tauben fing. Jede Taube versuchte zunächst, sich selbst zu befreien, vergeblich. Ihre Anführerin, die Ringeltaube, ermahnte sie zu gemeinsamem Handeln. Als der Vogelfänger sich seinem Fang näherte (fol. 76r), da erhoben sie sich gemeinsam im Flug und brachten sich im Netz vor ihm in Sicherheit. Der Rabe, der aus einem Baum alles mitangesehen hatte, flog hinterher (fol. 76v), um den Fortgang zu beobachten. Die gefangenen Tauben gingen in der Nähe der Wohnung einer Ratte nieder, die ein Freund der Ringeltaube war. Herbeigerufen, nagte sie das Netz entzwei und befreite die Tauben.

Wie ein Käfig nimmt sich das Netz aus, in dem vier gefangene Tauben sitzen und der Ratte sich zuwenden, die sich leicht auf den Hinterläufen erhoben hat und am Netz nagt. Hinter ihm der Baum, in dem der Rabe sitzt.

Im Kontrast zu den stumpfen Farben der Tiere am Boden – Grau und Graublau – hebt das in der Abbildung nicht deutlich erkennbare Weiß des Gefieders den Raben entschieden von der Farbe des Papiers ab und stellt einen Helligkeits-Akzent im Bild dar. Er tritt zusammen zu einem lichten Akkord mit dem vierfach auftretenden hellen Rot der dreiteiligen Blüten am Ende jeden Zweigs und dem Gold, das diese Blüten vom Ast trennt. Der schlanke, ganz locker mit Blättern besetzte Baum bestimmt die Höhe des Bildfeldes und schließt es zum Rand hin ab, darin unterstützt von der Bildlegende, die die bis auf Spuren verlorene ursprüngliche ersetzt.

In einem gebirgigen Land lebten die Eulen, in einem mächtigen Baum in ihrer Nähe die Raben. Sie waren seit alters Feinde. Eines Nachts überfielen die Eulen unter Führung ihres Königs die Raben und töteten viele. Am folgenden Tag rief der König der Raben fünf bewährte Ratgeber zu sich, um Kriegsrat zu halten.

Eine schmale, grün bewachsene Felspartie bildet den Standort der fünf Räte. Sie endet rechts an einem kräftigen Felsblock, auf dem der König sitzt, seinen Ratgebern zugewandt und über sie erhoben. Zusätzlich ist er, bei gleicher Körperbildung, durch eine goldene Schulterpartie vor ihnen ausgezeichnet (in anderen Handschriften trägt er eine Krone). In der Gruppe der Ratsmitglieder gibt es leichte Bewegung, die in der Kopfwendung des mittleren kulminiert. Zwei doppelästige Bäume übergreifen das Bildfeld und fassen die Versammlung bogenartig zusammen. Darin, daß der linke Baum kräftige Blätter, der rechte aber feiner gefiederte besitzt, ist allgemein ein Moment der Bereicherung, speziell aber wohl zusätzlich eine weitere Auszeichnung des Königs zu erkennen.

Eine ungeschulte spätere Hand hat sich durch die Darstellung zur Zeichnung eines Raben am oberen Rand angeregt gefühlt.

Drei Diebe sahen von weitem einen frommen Mann, der ein Schaf kaufte und es zu seinem Haus bringen wollte. Sie beschlossen, es ihm abzuschwatzen. Der erste kreuzte seinen Weg und fragte, was denn das für ein Hund sei. Der nächste, der – scheinbar zufällig – des Weges kam, bemerkte, jener sehe wohl aus wie ein Einsiedler, sei aber keiner; denn ein frommer Mann besäße keinen Hund. Als der dritte zu ihnen trat und den Einsiedler fragte, ob er mit dem Hund zur Jagd ginge, da glaubte der, er sei beim Kauf betrogen worden, wurde ärgerlich und ließ das Schaf stehen, das die drei schlachteten und unter sich aufteilten.

Das Tier an der Seite des Einsiedlers ist offenbar ein Fettsteißschaf, die im Vorderen Orient verbreiteste Form des Hausschafs. Es scheint dem Gespräch seines Besitzers mit den drei Männern zu folgen; der Kopf, vom Rumpf durch die kräftigen schwarzen Hörner abgesetzt, ist etwas erhoben und entspricht damit dem großen Bogen, den der goldene Saum des weiten Ärmels beschreibt, und der der Geste des Sprechens Nachdruck verleiht.

Die drei Gauner sind zu einem kräftigen Block zusammengefaßt, der nicht einmal zwischen den Füßen – wie beim Einsiedler – Raum läßt. Alle drei reden, jeder mit beiden Händen, und das schnelle, verwirrende Auf und Ab der Hände, das mit der zunehmenden Neigung der Köpfe von links nach rechts korrespondiert, ist eine eindringliche Bildformel für das den Eremiten bedrängende Gerede, das mit dem dreifachen, wiederum zunehmenden Heraustreten der Hände über den Kontur hinaus an Lautstärke zu gewinnen scheint. So hölzern diese Armhaltungen im Blick auf jede Figur einzeln erscheinen, so sicher ist doch die beabsichtigte Wirkung der Gruppenfigur erreicht.

Die farbliche Abfolge der Gewänder: helles, gemustertes Blau, leuchtendes Rot und milchiges Grün, ist verunklärt durch die Entstellung des Grün durch den sogen. Grünfraß (der das andersartige Grün der Bodenplatte nicht erfaßt hat). Doch bleibt erkennbar, wie stark die goldenen Säume, wie auch die Nimben, sowie die weißen Hosenbeine und die ehemals wohl weißen Turbane bei aller Farbenfreude der einheitlichen Erscheinung dieser Kollektivfigur dienten.

Die Raben räuchern die Eulen aus 95 v

Der Kampf zwischen Eulen und Raben findet durch eine Kriegslist der Raben ein Ende. Am Tage, als die Eulen in ihren Höhlen die Nacht erwarteten, trugen die Raben am Fuß des die Höhlen bergenden Felsens einen riesigen Holzstoß zusammen. Nachdem sie ihn entzündet hatten, fächelten sie mit ihren Flügeln das Feuer derart an, daß der entstehende Rauch die Eulen jämmerlich ersticken ließ.

Ein braunroter Felsen, ähnlich dem, auf dem der König der Raben seinen Rat hielt, steigt am linken Bildrand steil auf und verbreitet sich nach oben zunehmend zu einem mächtigen Überhang. An seinem inneren Rand sind kleine längliche Löcher, in denen, frei vor den Grund gesetzt, fünf

Eulen sitzen, mit orangebraunem, rot getüpfelten und gestreiften Gefieder, goldener Schulter, goldenen Augen und
kleinen Federohren. Unter dem Überhang brennt das Feuer—
ebensowenig wie die hellgrüne Bodenplatte durch Binnenzeichnung differenziert. Rechts fliegen drei Raben von
außen heran und fachen mit den ausgebreiteten Schwingen
das Feuer an.
So wenig die Gestalt des Felsens natürliche Verhältnisse
darstellt – und tatsächlich ist diese Erfindung nicht in jüngere Handschriften übernommen worden –, so geeignet ist
sie doch, den Erstickungstod der Eulen glaubhaft zu machen. Denn es ist sichtbar, daß das Feuer praktisch im
Felsen entzündet wurde.

Der Affenkönig und die Schildkröte 98 v

Ein alter Affenkönig war von einem jungen Affen aus seinem Reich vertrieben worden und hatte Zuflucht am Rand
eines Sees gefunden. Dort lebte er in den Zweigen eines
über das Ufer hängenden Feigenbaumes und ernährte sich
von seinen Früchten. Als ihm eine ins Wasser fiel, freute er
sich am Klang des Aufpralls und warf weitere hinab. Dort
lebte eine Wasserschildkröte, die sich an den Feigen gütlich
tat. Sie glaubte, der Affe würfe die Feigen ihr zuliebe herab,
und so wurden beide Tiere zu guten Freunden.
See und Feigenbaum, der Lebensraum des Affen und der
Schildkröte, sind nebeneinander auf eine durchgehende

grüne Bodenplatte gesetzt. In dem unregelmäßig gewellten Wasser schwimmt die Schildkröte, etwas aufgerichtet, als wollte sie nach der am Ende eines niedrigen Astes hängenden roten Frucht schnappen. Der Baum, in dem der Affe sitzt, hat am Fuß des Stammes zungenartige, weiter oben siebenfach gelappte Blätter, seine Zweige enden in gelben, rosalila und orangenen Knospen- und Blütenformen, daneben gibt es vereinzelt rote Früchte. Der Affe, grau bis auf das zweifarbige (rosa und karminrote) Hinterteil sowie das rosa Gesicht mit roter Zunge, hält sich mit einem erhobenen Arm und mit dem langen Schwanz am Baum fest. Mit den Beinen hat er Halt an einem Ast, der in großem Bogen aus dem Stamm nach links geführt ist und ein Echo findet im gegenläufigen Schwung der Kante zwischen grünlichem Panzer der Schildkröte und ihrem braunen Leib. Der nächsthöhere, ebenfalls nach links führende Ast streckt sich mit dreiteilig orangeroter Endblüte zur blau, orangerot und lilarosa Kompositblüte der schlanken Staude, die links am Rand des Weihers wächst und mit dem Baum zusammen das Bildfeld beherrscht.

Der Einsiedler und das Vorratsgefäß 102r

Ein Einsiedler pflegte sich einen Vorrat an Butter und Honig in einem Krug aufzubewahren. Als er einmal ausgestreckt dalag, sann er in einem Tagtraum darüber nach, wie er durch den Verkauf dieses Vorrats und die geschickte

Vermehrung des erhofften Gewinns es bald zu Reichtum bringen könnte. Endlich würde er heiraten, seine Frau würde einen Sohn bekommen, und er würde ihm eine gute Erziehung zukommen lassen. Sollte er sich aber seinen Weisungen nicht fügen, dann wollte er ihn mit dem Stock schlagen, so ... und damit schwang er den Stock und zerschlug seinen Vorratskrug.

Der Innenraum ist farblich bestimmt vom kräftigen Rot der Eckzwickel und dem dunklen Grün des gestreiften, mit goldenen Enden versehenen Polsters. Auf ihm liegt der Einsiedler, zur größeren Bequemlichkeit mit einem rosa Kissen im Nacken. Er trägt eine gelbe, rot gemusterte „ǧubba" und einen blauen Umhang mit Kapuze. Von der hohen Kapuze bis zum Gipfel der Knie bildet der Körper des Eremiten einen nicht sonderlich spannungsvollen Bogen, der der geruhsamen Besinnlichkeit des Mannes gut entspricht. Durch die Farbigkeit des satten Gelb mit orangeroter Blattmusterung entspricht der erhobene Ärmel den (durch das Blau des anderen Ärmels abgesetzten) aufgestellten Beinen, doch hat die Gerade des Unterarms eine Schnellkraft, die sich im Stock fortsetzt und geradewegs zum hellen, rosabraunen Vorratsgefäß führt, das zur größeren Sicherheit an die Decke gehängt wurde (und eher wie ein Ledersack als wie ein Krug aussieht). Man sieht, wie Butter und Honig herauslaufen.

Ein Einsiedler war Vater eines neugeborenen Kindes. Er sollte darauf aufpassen, bis die Mutter zurückkäme. Weil er aber zum König gerufen wurde, ließ er das Kind allein zu Hause, zusammen mit einem Wiesel, das er aufgezogen hatte.

Als er zurückkehrte und das Wiesel ihm mit blutigem Maul entgegensprang, erschlug er es auf der Stelle. Erst dann stellte er bestürzt fest, daß das Wiesel nicht sein Kind verletzt, sondern eine Schlange totgebissen hatte, die es bedrohte. So hatte er im Affekt den Retter seines Kindes erschlagen.

Die Aufeinanderfolge verschiedener Phasen, die erst im Nacheinander zum Ganzen sich fügen, ist hier zu einer einzigen Darstellung der wichtigsten Elemente zusammengezogen, ohne daß versucht wurde, die Glaubwürdigkeit eines Handlungszusammenhanges herzustellen, wie sie anderswo (z.B. im cod. Monac. arab. 615, fol. 96r) dadurch angestrebt ist, daß der Einsiedler den Hund in dem Raum erschlägt, den er zunächst betrat, während das Kind in einem zweiten, ihm nicht einsehbaren Raum liegt.

Den einfachen Raum bestimmt der Dreiklang Grün, Rot, Lilarosa: das Rot dominiert in den beiden Eckfeldern; das Grün der Bodenplatte wiederholt sich in dem schmaleren Deckenbalken; das Lilarosa der Wände ist weitgehend oxydiert und deshalb heute kaum wirksam. Ein verwandter Dreiklang findet sich in dem im Raum Befindlichen: das Rot tritt auf im Gewand des Einsiedlers und im Unterbau des Kinderbetts; Lilarosa ist sein Oberteil, eine goldene Kante begleitet es ähnlich wie goldene Säume die verschiedenen Gewandteile. Statt des Grüns gibt es als dritte Farbe das kräftige Blau am Umhang des Einsiedlers und als Wickelbündel des Kindes. Das Schwarz der Schlange und das Grau des toten Wiesels treten als unbunte Farben zurück.

Der König und die Brahmanen 104v

Ein indischer König (der nicht namentlich genannt wird; in anderen Handschriften heißt er Šādram) hatte quälende Träume gehabt. Um sie sich deuten zu lassen, rief er Brahmanen zu sich. Da er in der Vergangenheit ihren Einfluß zurückgedrängt hatte, und viele von ihnen getötet worden waren, sahen sie die Gelegenheit, Rache zu nehmen. Sie verlangten, er müsse seine Familie, seine Ratgeber, sein Leibroß, seine Schlachtelefanten und vieles mehr töten lassen und in ihrem Blut baden, und anschließend den Brahmanen den verlorenen Einfluß auf den Hof und die Staatsgeschäfte wieder einräumen.

Des Königs Lieblingsfrau und sein kluger Wezir sorgten dafür, daß seine Träume eine weniger dramatische Konsequenzen erfordernde Deutung durch einen Weisen erfuhren. Nichts an der Architektur läßt erkennen, daß die Audienz im königlichen Palast stattfindet; eine Bodenplatte fehlt, und die Ornamentik der blauen Eckzwickel – dazu Wände und Decke rot – ist eher knapper als sonst. Der Königsthron hat einen vierbeinigen hellbraunen Sockel, den ein rund geschnittenes Tuch teilweise verhängt, und eine Rükkenlehne, deren Farbe fast völlig zerstört ist; anscheinend war es ein milchiges Hellgrün. Der König in hellrotem Gewand neigt sich seinen Besuchern leicht zu. Die beiden Brahmanen sind im Profil gegeben, der linke trägt einen grünen Umhang über einem lilarosa, der rechte einen blauen über einem gelb-roten Gewand. Tracht und Haltung setzen sie gleich mit den häufig dargestellten Eremiten. In den rechten Winkel, den die goldenen Säume beider Ärmel bilden, sind die beiden Orthogonalen aufgenommen, die die Haltung beider Männer bestimmen; zugleich öffnet sich dieser Winkel schräg nach rechts und weist zum König hin.

Der König, dem seine Lieblingsfrau eine   107v
Reisschüssel an den Kopf wirft

Der König hatte seiner Lieblingsfrau Īlād und einer anderen kostbare Gewänder und Geschmeide vorlegen lassen, von denen sie sich aussuchen durften. Īlād wählte ein Diadem. Als die andere im neuen Gewand prächtig anzusehen war und der König ihre Schönheit und ihre verständige Wahl lobte, da packte Īlād der Zorn, sie nahm eine Schüssel Reis und stülpte sie dem König über den Kopf. Augenblicklich verurteilte er sie zum Tode. Doch sein kluger Wezir Bilād brachte sie in Sicherheit, um abzuwarten, ob der König nicht später das im Jähzorn gefällte Urteil bereute. Und wirklich war der König sehr niedergeschlagen, als Bilād die Frage bejahte, ob der Befehl vollzogen sei. Geraume Zeit blieb der König über das tatsächliche Schicksal der unglücklichen Gemahlin im ungewissen, bis der Wezir überzeugt war, die Freude des Königs, daß Īlād noch lebte, würde seinen möglichen Zorn über die verweigerte Ausführung seines Befehls aufheben. Da brachte er die bis dahin Verborgene zu ihrem Herrn zurück, der über ihre Rückkehr überglücklich war (fol. 111 v: das Bild ist eines der am stärksten zerstörten der ganzen Handschrift).

Es ist unbestimmt, wo die Szene stattfindet. Die Zeichnung der grünen Bodenplatte entspricht anderen, die zweifellos Gras meinen; doch hat sie goldene Enden, wie z.B. das grüne, gestreifte Polster auf fol. 102 r. Auch das Vorhandensein des Thrones spricht eher gegen einen Schauplatz im Freien (vgl. foll. 19 r und 24 v). Der Thron gleicht dem im vorigen Bild, hier ist auch das milchige Grün der Lehne fast ganz erhalten und bildet einen seltsamen, kontrastreichen Klang mit dem Rot des königlichen Gewandes. Das Tuch an der Vorderseite des Thrones ist blau. Wie der König, so trägt auch seine neben ihm stehende Lieblingsfrau eine goldene Krone, was sie von der Rivalin unterscheidet, die eher wie eine Dienerin gekleidet ist. Im gleichen Sinn wirkt der Unterschied, daß diese die Haare unter einem Umhang verborgen hat, während das Haar der Īlād in dicken schwarzen Zöpfen auf ihre Brust fällt. Unter den langen Gewändern tragen beide Frauen nicht weiße, sondern karierte lange Hosen. Das lilarosa Kleid der Īlād muß, nach Ausweis des darauf erkennbaren Musters mit einem Vogel mit geöffneten Flügeln und langen Schwanzfedern (und im Widerspruch zur Geschichte) aus ungewöhnlich kostbarem Stoff sein; dagegen hat das der anderen Frau ein häufig verwendetes geometrisches Muster.

Īlād ist nahe an den Thron getreten und hält mit der rechten Hand die goldene Schale, aus der sie – das ist nicht detailliert wiedergegeben – den Reis schüttet. Überzeugend ist des Königs Versuch, der Zornigen Einhalt zu gebieten, indem er sie am Handgelenk packt; die Geste der anderen Frau drückt Hilflosigkeit aus. Es fällt auf, wie sorgfältig jede Überschneidung über das Handgemenge der Zornestat hinaus vermieden wurde; ein schmales Intervall trennt den Thron und das Gewand der erzürnten Frau.

So, wie sie den König und die Rivalin überragt, so hebt sie sich farblich ab, während eine zweifache farbliche Übereinstimmung – rot das Kopftuch und das königliche Gewand, blau das Frauengewand und das Tuch am Thron – die äußeren Gestalten verknüpft.

Der Löwe und der fromme Schakal　　　　　　　　　*118r*

Ein Schakal führte ein frommes, enthaltsames Leben, womit er auf Unverständnis bei anderen Raubtieren traf, mit denen er zusammen lebte, ohne an Jagd und Fraß teilzunehmen. Der Ruf seiner Zuverlässigkeit erreichte auch den König der Tiere. Er ließ ihn zu sich kommen und bot ihm seine Freundschaft und hohe Ämter an. Erst nach längerem

Zögern, und nachdem der König verschiedenen Bedingungen des Schakals zugestimmt hatte, willigte der Schakal ein und wurde zum engsten Ratgeber und Vertrauten des Königs.

Doch Mißgunst und Neid blieben nicht aus. Bald wurde gegen den Schakal intrigiert, und schließlich wurde der König mißtrauisch und bereit, aufgrund falscher Anschuldigungen den Schakal zum Tode zu verurteilen. Das verhinderte seine Mutter, die die Machenschaften durchschaute. Als der König dem Schakal erneut seine Gunst antrug, traf er zu seinem Erstaunen auf eine äußerst freimütige und harte Kritik seines bisherigen Verhaltens. Schließlich versöhnten sich beide, und von da an blieb dem Schakal das ungestörte Vertrauen seines Herrn sicher.

Das Bild findet sich ziemlich am Anfang der langen und umständlichen Geschichte; es illustriert das Gespräch, in dem der Löwe dem Schakal Freundschaft und Ehren anträgt.

Die Darstellung ist denkbar einfach. Das heraldische Kompositionsschema wird bekräftigt durch den die Mitte einnehmenden Baum. Das Ungleichgewicht zwischen beiden Figuren wird durch den Baum nicht ausgeglichen zu einem übergreifenden sekundären Gleichgewicht, sondern er spiegelt es, indem seine kräftigere und höher reichende Seite dem Löwen, die schwächer entwickelte dem Schakal zugewandt ist.

Eine gewisse farbliche Brillanz verdankt das Bild dem Rot und Blau der Endknospen, die zum Graurosa und Gelb der Tiere treten; dadurch, daß alle Farben mit Gold verbunden sind, ergibt sich ein gewisser Ausgleich. Das Blau, nur an der höchsten und spitzesten Knospe verwendet, setzt einen Akzent, der allerdings keine erkennbaren inhaltlichen Konsequenzen hat.

Wie auf fol. 86 r, so hat sich auch hier ein später Bilderfreund anregen lassen, sein Talent unter Beweis zu stellen, und hat eine krude Wiederholung des Schakals neben ihn auf den Rand gemalt. Möglicherweise war er es auch, der in diesem und zahlreichen anderen Bildern die Zeichnung der Gestalten nachgezogen und vergröbert hat.

Der Einsiedler und sein Gast 128*v*

Ein Einsiedler hatte einen Gast, dem er Datteln zur Erfrischung vorsetzte. In dem begleitenden Gespräch geht es darum, daß man sich freuen soll an dem, was man hat und kann, und nicht nach Dingen oder Fertigkeiten streben soll, die außerhalb der eigenen Möglichkeiten liegen.

Davon kann das Bild nichts wiedergeben. Der Maler mußte sich darauf beschränken, das Beieinander der beiden Männer zu zeigen. Das Kompositionsschema wiederholt das im vorigen Bild verwendete (dazwischen liegen andere, hier nicht wiedergegebene Illustrationen, so daß für den, der in der Handschrift liest oder blättert, der Eindruck von Eintönigkeit nicht aufkommen muß), doch sind die Elemente anders. Die Menschen sind zu Gesten fähig, die aber hier vag und wenig ausdrucksvoll sind. Statt des Baumes steht hier der Tisch mit der goldenen Schale in der Mitte.

Abbildungen

اهلده ويعمل صبح عطر بذر يصلح اليد وبذخل طلب المشقد والمصره واننى

يعظم لحظه وجزيل اللين بان قنعت وبارزقت وربعدت فيما لا تظفربه ولا

نذرناك طلبته منك قالى الضيف قدرفقت وريشدت وقد

سمعت منك كلاما هربياغا سمعته به فعلى علمتنبيه فان اب فيه ومشبه

وعلى عليه يبس دوك ان الناسك يتكم بارعرابية قال له الناسك

احدران يدركك ما صاب العراب مع اخراطاب الضيف وحشيف

كان ذلك قال الناسك زعم هران ذاري حله فدلح

فاعجبها مشريا فطمع تعليم هاران يفسد مسنها فادالا هيئتها

بيننى ولم يصعكم منى قول ولا عمل لانى لا يعرف اردلك ثم ان ابن اوى

ثبت على حاله ولك واشتهر بالنسك والبله بلغ دلك اسد كان ملك السباع

تلك الناحيه فرغب فيه او صف له من عفافه و صدقه و امانه فارسل اليه فكلمه

وقننه ثم دعاه بعد ايام فقال له ان ملكى عظيم و اعمالى كثير و انا الى الاعوان

محتاج و قد دل لى منك نبل و فضل ثم قدمت على فازددت بك وانا مولیك

من عملى جسيما و اعوك ارفعك الى منزله شريفه دجاء كذمى مكانا نظامه فقال

ابن اوى ان الملوك احق باجتنا الاعوان بما يؤتوبه من امور هو ديا عالهم

فاضرب عنها ولا تراجعني في امرها ولا تدخل على الابعد فتلك ايا لها
نخرج بلاري بالبلاد من عند الملك وقال ـــــــ ما ينبغي ان اقلها حتي
يسكن غضب الملك وقال في نفسه انها امراة عاقله سعيده من الملكات
لبس في النسا شبيهه لها وليس الملك يصابر عنها وقد دعا براية بها بئش لكرا
من الموت وحزن فيها يرجوا انها بعد اليوم ولست امراة نيه الملك على عجلني
بقتلها فلست فامهاجتي استطلع واي الملك فان ندم على ما صنع وحزن

ردبها

دا بيها جو يرواي چيك بلار صاحب امرك كانه در جيله و علوه و كانناك راسا
وسمعك والعبل الابيض الذي نقانل عليه والعيلين العظمين والعرس الذي
تركبه والبنتي التي تسير عليه وكينا بردون العالم فيجعل دماء في الذي ويقعد
فيه فاد انا اردنا ان يخرج منه اجمعنا معشر البرهمين من الافاق الاربعه وقربنا
وسحنا عنك وعسلناك والحوال والحزل الطيبه نصيرك الي بجلسك فيذهب
الله كل ما نقدم مما انت فان صيرت علي هذا ورطبت به نفسا خلصت وكونت
البلا العظيم الذي نذر دهنك واشرف عليك وسنخلفت مكانهم شلهم وان انت لم
نفعل فانا نخوف عليك ان يعت ملكك ويزع منك وتهلكه وسبنا هل
عقلك فلما سمع البرهميون ذلك من رايهم وانفقوا عليه. انوا الملك فقالوا انا

قسال العسل والنمس على رأسه   وانا ضرب المدهد على ليلة لحمل في
شي لا ندري يكون ام لا فاعبد الله وتوكل عليه فانه بنت   النصاوير في الحائط
ما دام ربيا بنية قال يا اذا ار تفع لم بقدر يعطيه   قال سمع ذلك من قوله فسكت
فلم يزل الاسير احتى ولدت غلاما على ما كان طرورها دالت النا الحبس عند ابنك
حتى ادهب الى الحمام فاعتسل فمضت فلم يلبث الاسير احتى اتاه رسول السلط
فاطلق الباب ودعته اليه وكان في بيته ابن عرس نحرجت جبه سود الى الغلام
لتنشنشه فوثب عليه من عرس فقتله واقبلاها مع دمه فلما الاسلك لعينه ب
عرس جبثل له بسلامة ولده وفتل الحية فظن انه قتل ابنه فرمى بعصاه فقتله

وقال لها اشتري وقري عينا   فقالت المرأة أستكرم ما ينبغي لك أضرب عن

هذا فإني إخاف أن يعبر أمرك إلى ما صار اليه أمر الناسك المهرق عليه السمن

والعسل فقال وكيف كان ذلك   فقالت المرأة زعموا أن ناسكا كان يجري

عليه رزقا من رجل وعَسَل فكان يأكل منه قوته ويرفع فضله في جرة معلقة عند

رأسه فلما كان ذات يوم وهو مستلق على سريره إذ نظر اليها فقال أبو بعث ما فيها

يبلغ لي دينارا فما اشتري به أربع شياه وأنزي عليها وليدها فلا تمضي علي خمس

سنين حتى تصير أربعماية شاة فأبيع بكل أربعة منها ثورا أو بقرة واشتري أرضا وأسع دورها

وأسك أنا شهاد إماء على خمس سنين أخرى حتى تكثر ونكثر فأبيع عبيدا وأشتري دورا

وأشتري جواري حسناء على أني سعيد كي يكون عتبا وأولد به مثل أداب الملوك وأن

لم يقبل مني ضربته هكذا ورفع يده بعصا كانت معه فخبط الجرة

نه قالوا لابه اسلمه ویسرع منه کان تغلاب العزد الیسلحفاه عند طعرم

فقال الملک وکیف کان ذلک د   فقال العیله وف زعموا ان ملک العزد

لما دهب شبابه وضعفت قوته وشع علیه قرد من اهل بیته شاب سلیط ملکه

واخرجه منه فا نطلق هاربا حتی اتا ستحل البحر وکان علی شاطیها شجرم التین

فیبا هوم یاکل من نمرها ادوقعت منه تینه فی الماف نصربها سلحفاه فاخذها فاکلها

واستطا بها واعجبه العزد بصوتها فجعل یلقی الواحدم بعد الواحدم ویسنمع لوقعها

دوری وجعل السلحفاه یاکل ما یطرح من ذلک ثم الره   یه لینظر الیه فنظر

صنفر القرد علی الجرم جیدکلفه
والسلحفاه فی البحر

ثم ان سلكت الغربان قال لذلك الغراب بعد ايام كيف استطعت الاقامه مع القوم

فان رحلت فالاصايدون يرون وقصدهم النار راهن هذا الفتك بين الاشرار

فانه يقال لدع النادم على المراسوء من صحبة الاشرار الغجر والكينونه معهم

فقال الغراب ان ذلك لعلى ما ذكرت غير انك ولكن المر اللبيب اذا كان يجني طبع عدوه

وغير يريد من الامر ما يرجو انه الظفر عليهم والقدره على هلاكهم يصبر على ما يكل

دو يل من يخبر بالمصبر المضمر على السود ورثني يبلو جا به جرة وليفتك ط غير مره ذفاقة راي اصطلحه

به من البلاد ويعول اليهم الاذي واحتمل اذا ولهم ونطق ما يهوا بهم فقال لك الغراب

اخبرني كيف كان علم القوم ورابهن فقال الاعراب ما كان عندهم من ذلك شيا

ملذلا السوي الذي يابهن يتسلى ودس قله عموا من وفضله عليهم انه يضرب لهم

الامثال ويخبرهم من اهلكه والمضره منه ولا يستهين منه ولا يلتفت الى قوله ولا

يذكر ان فيه ويقول انه مرجل حمدوم وه منه له يكرم بها ويخص بها وانه

يبغي لهم ان يثبتو فانه لا يبوس عداوته على الرجال ومن بعض راس انه

لم يكن يكتم من اسري شيا لا يحفظ مني فيه وقد قيل انه لا ينبغي للمرء

ان يعبر من كل شي حتى حتى الماء الخرص الذي يتوضا به والفرش الذي يجلس عليه

والكلية التي يلبسها والدابة التي يركبها والطعام الذي ياكله والادويه التي يشربها

والكحل الذي الذي يجمع على راسه في كل يوم يريد بنه منه لا يامن على نفسه

الا الثقه فقال بذلك الغربان صدقت ولكن من اصحاب سلطانا فانما يبطن

واعجب بالمثال فقتل ودق بهن واطبان اليس ومن حتى يكثر حتى الاكل فامر

يخضرهم ولم يمرض اوكان اهل مشوره بنه حجملا فانه سوء ولم يعسوم وقد قيل ان

وترتيب نذلك اعيى عاة غير فانا نصيد غر عذو منار

استطاع منه ممتان وربليه ثم نضعه على باب احجرهن والمانكم بالنار

فاذا جعلتها فيه فاضربنها الجمع كن ولا نكون نرويجا النار فن خرج منها

احرق وريثت اعتم نفعلن دلك بين كما امرهن العراب فهلكن ولم بش

من البوم ريشيا الامان ・ وقد ليل ونظرن تحاجه من البوم

صنفا لموموم وللما زة كور اصطبحا

والعراب نشم الار قنا باطفا ه

واحد على عيني ناطق العربض من يده وذهب وما ذكرت لك هذا لاني ارجوا

وان كان اليوم اهل مكر وخديعه ان يقدرطى على حيله وانظر ما اترك به فاعله

واظهر التسخط له والندمه لى والدهرس جندك ثم امري ناشب واضرب

حتى الجرح ونسبق الرسام رمي باحمل شجره والحاق انت ومن معك الى

مكان كذا واذا قدره بهذاك حتى اختال لهن ما يكون تيمه على لهن فقال

ملك الغربان اعمر ذلك واخذ في رايه بما اشاره عليه فلما كان الليل انبل

ويكاد علمه فابه يستغل به عند انقضا بما زاحب الكلام اذا دق به في عبر
كره ومومعه نوان مدح في الامر سليمان في اخ ريبتح علمه بارني
اليه ومن جهل بادى نطقت بالا سطيع رده ولا يقدر عن مباورة ما صح ولا مشاورة
ولا يمكرا ذلك واذ لا يعبرله وقدقيل اذ ا تعل دا ان يعمل بالخلط طفس من ثمن
عماد انه مصيبة من الهره الى انداما مشل الذي يتجاع به طويلا ثم انصرف فهذا اصل الحقد
الذي يبقاوبين اليوم واعل بالك غيه فقال بملك العبان قد ذهبت ما درت ولكن
انظر الذي يحتاج اليه اليوم واعل رايك بنه وانك عارف ان اليوم عبر احبات حتى
يعين نقال الناقبا الغراب اني كنت اعلك لا بي شي لا يبغى لسان بمال اليوم
لعلنا نقدر ان يختال فى ما بينه هلاك من فان العاقل برافقه نظره وحيلته على مالا
حبرى اكيش العمره وانه يبلغني ان قوما احنا لوا بكرم رحيبهم حتى شكرا
الامرلما سكا في ابرعوبه مستيقن فقال بملك الغربان وكيف كان ذلك فقال
الغراب زعموا ان ياسكا بينا هو ذات يوم يتود عريضا اشتراه الى منزله
اذلنيه نقرنوا طواجلى اعنده فقال ـــــــ احد يديريد هذا الناسك
بهذا الكلب الذي يتوذه وذال اخراري هبته نا سك رلا يسمر
وبلوكان جذلك ما مشى بكلب واغتسل وطهر نيابه فقال احري هذا الناسك
يريد بيع الكلب فايرا لوا بمثل هذا الكلام را شبها هذه حتى شككوه
وظن انه كلب وظلاسبا وقال ـــــــ لقدخرج عن الذي باعني
لا فر

ومعايشنا ونهرب من اوطاننا واكن نكون على حدر واستعداد ونا١ ٦

ونعنته العيون والطلاع ولا يجف علينا خبر اليوم ولعلنا نصيب طرا ٢

اوكل عون فيحبران بماسره وامن ونرا بدا بالحرب واضاعة الاموال والانا ٧

فيكون مااصلوام ذلك وماله عليها ثم قال للناس حرب ٤

فيما قال حماحدا فقال يعول لاسببا لعمري ماهد ايعة الليالي يستنفر ٥

نجا هذا الله من الصياد وقد خفت أن أنت بدأت بقطع عقدي وأدركك الملك العنود

أن تمل وتكسل عن بعض ما يبقى وعرفت أنك أن يزدات وصرت الا الآخر لم ترضا

دار لدوتك الفور حتى تخلص ينال الجرد هذا ما يريد ما يريد مودتك فيك رعبة

وعليك حرصا واحد بين فرض السبك حتى فرغ سهل وانطلقت الحمامة

الذي ركب من تخيله ايك عليه الاحسد ابإه ومكانه عندنا ...
الاسد من جبروك بدلك فقالت ... ام الاسد انه قد استحضر ...
مونمر ومن ايسا انه استوف دعه وقد دخان امان ... من يفعل ذلك لهو ياسد
المارك في المعاد ... فقال ... الاسد لعمري لقد صدقت ولبس هذا

مما يسعي ان يكتم كل بفي على صاحبه ان يعمل ويظهر شهادته عليه من ...
الاجربنه ولا يبطر هنا عليه ثم لاسبا في ايم المظالم فإن الكاتم لذلك المجرم
في ربعهم منه مع شركه ابإه به ... من السلطان لا يسغي له ان يعاقب
على الفعل والسبه به حتي يفي ... به من الامر وليسبين فإن الدم عظيم شانه وانا

وعظمه انه نجا ناج من الاسد وانه لابد ان يطلع على ما كان من يمينه وكيده وانه
معاقبه وممكنه ومهلكه فلما سمع الیمن ذلك انصرف فدخل على الاسد محذرا منها
فانطلقت حين اصمت بها وازاره حزينا كئيبا فلما رات ذلك منه عرفت
ان ذلك لیس الا علی بشر به فقالت ان الاسف والهم لا يردان
شيئا وهما مجلان للجسم ويدعوان القوى ويجمعانها فاعلمينى ما شانك فان
كان ما يصيبك ما ينبغي لك ان تحزن له فلست والعزام جهدك يخلوا امر كلان ان كان
اما هو لعلك شره به فعد اسبنان لك ولنا انك ركبت ذلك منه ظلما على غیر ذنب
ولا جهر ولا غش ولا مخالفه ولو كنت فكرت في امر ونشت ماله في نفسك كان
في ذلك معتبرا انه فقال ان الرجل لا يؤد احدا ولا يبيضه الواحده في نفسه مثل
ذلك فاعلمينى كيف كانت نفسك تبعث فيك بعد قالت الاسد
من رأيت لسنة به سليم الصدر معجبا برايه اخذا منه مستر سلا اليه وما اذكر شـ
نفسويه شيئا قبل قتله ولا بعد وانا بنادم على ما كان يعنى وتسلفنا له موجه وما
شكل على الراي انه كان مريا ايا الخ به صحبه اللئيم عیر شتم ولكنه حملنى على ما
صنعت الجبن الفاجر منه نميمته وذكر به الكلام الكاذب الذي لم يكن شر
له تلفقنا به جريا ولكن اعلمينى هل سمعت شيا الواحده فانه اداك ان الراى مرفقا
لاخبار الموثوق به كان استاد للبصر وابلوها ان يقدم امر على غير سعه
فقالت ام الاسد حـ شئ الصدور الامير واحده لم يوكب من شيرويه

ردبااسهى يبص عن ودعطهن فناوله احدهم فديت الارض فعضه ه

فيحل لمشابه خ فلما انتها دعايكه بالموعطه فانه قد نابا عليك المكرو الخبب

وهما اختلنا سوءالال سبعساكم من عاينه ما انت فهماد دخل على ك بزرك

المعتل فال _____ دسده وكيف كان دلك قال كليله ادعموا

اى ملين احد الابساد الغريد فعل يشترى فى كان فبنا لماميشبان اوديعا

يدرع فيها العلديار فتحله اومالاهان ان يرجعا الى بند فهاقاءلم دنيا

مواىه الاسد فاضلا قنا لاسىد بزا ىشى مذا الا دىه فلا ارادلك
كليلم مقال لدىنه انطر الحلىتك ما الخير ن الا سير ىا ىسه فاىك قد
نعىت الاسد واهلكت شىزىه وذرىت كله الحدى معه السىان زجرتاك
فوادعى ده ه من المرق والسىتقلم ان ىجرالى ىا كلف صاىعه العلال وهو
عنده مىى ناى الحلل زىا لطىه الرحمه نى عده وقنه كه اىاه اذ ىعرجل اىه
الىك

فقال بعضهم لبعض انظر والى العجب لمحناه بين بطنين في الهوي فلما سمعت ذلك
قالت رنخالانا فكم فلما قالت بالنطق رجعت العود من جاها ووقعت الى الارض فبتت
قالت الطيطوي قد تهيمت ما ذكرت فلا تخافي في من وكيل البحر ولا من البحر
ولا من ترهيبه فباضت مكانها وفرخت فلما سمع بذلك وكيل البحر قال لا بد
ان اعرف ما الذي يقوي عليه الطيطوي في اجترائي عليه وحمله له في ذلك
وما هو لها حتى مد البحر فاقبل وكيل البحر وذهب بالفراخ في عشم فغيبهن فلما
افتقدهن ام من قال للطيطوي قد ركنت عارفه في بدري امر الله كان هذا
وانه سيرجع علينا وعليك وبال ذلك فقال لها الذكر سترى صنعي وما تصير
اليه عاقبة امري فانطلق الى اصحابه من صنفه من طير الماء وغيره فشكى ذلك اليهم
وقال انكم اخوتي واهل مودتي ونثقتي لطلب ظلامتي في علقتي ومعاضدتي
فانه عسى ينزل بكم مثل الذي نزل بي يوم مامر الامر فقالوا والله نحر علي ما تصف
وانت اهل ان تشفع فيما طلبت ولكن ما عوي ان نقدر عليه من ضرر
البحر ووكيله فقال اجتمعوا بنا فانا لنا تشاور الطير نعلم بما اصابنا ونزل بنا
ونحذرهم ان ينزل بهم مثل الذي نزل بنا فقال له الامر على ما ذكرت
من مساءة البحر ووكيله فقال ان ملكنا معاشر الطير العنقا فتعالوا نصرخ بها
حتى تبدوا لنا فيفعلوا اذلك وصرخوا بها وظهرت اليهن فانوها واعلوها
بما فعل من البحر ووكيله وقالوا انك ملكتنا والملك الذي يفضر به فانظري

يفعل ما يخاف من نبيله فقال له اسد ما استدبر بعقك ايها المعلله اذا استغنى ونعم
قد نفستك في عبدك من لا طاقه له به وقد قيل ايه ليس شي اشد معونه لنفسه
من الاقبال بنفسه ولا حق ما اسمع من كلامي والطمع امري فانا ان نحبها الى ما دعوني طلا
ان ذلك ذل طلبان من لا اسبع من ابنداه بصيبه ما اصاد السلحفاه فقال وكيف كان
ذلك والبط _____ زعموا ان غبرا كان بها رطبان وسلحفاه وكان معهم وكان الغبير
وصادقه فمان نصب الماء في بعض الازمان بعض الاخوا والدارت الغبيان ذلك طالب
للسلحفاه الماح بعد حرها على الارصال والنا عاون وعمرك والوالامام سنفلك فبني
تشمر رجل انا اذا احتملناك واك احدن لا تحبيبه فالى ندع وكيف ايسر الهاذ حر اننا
فعلا لا ننفع على وسط عود رومينه كل وله مصاصه وحبينه هذا ك وطار اما راها وراه الناس

وان نادرت هذا المثل للاسد واجبابه لاني اعرف بهم انهم اذا اجتمعوا علي هلاكي ولوكان

ذلك مخالفا لهم انهم سيظفرون بحاجتهم منه وقد قبل ان السلطان من اشباه الدستور

حوله الذي لا يخيف حرايم الدستور ولوكان ما في نفسه الا السلامة والرحمه لم

نتله اذ وبيل ما يحمله عبده الحفظ والنصاحه الذي ان الحال اليس من الحجز وانه

اذا اكثر احماره عليه تله ووارى ما اري الا ان اجاهد الاسد فانه ليس للمحسن بصلاته

ولا المجنب بصدقته ولا الورع في كته مثل اجر الذي يدفع عن نفسه ويساعد من

شهاراه كان يرى عدوه ظلوما وانه من ذلك علي ابرز ليس منها الاختيار فنزل

اخراد ا فقال منه ليس ينبغي لاحد لحاظ بنفسه فانه ان يملك كان قد صار وان

وان نظر كان من قبل القضاء لكن الا العقل جعل النال لحربه وبيدا يا استطاع

من المرفوق وقبيل لاعز من العدو الضعيف المهين ثم لاسيما اذا كان داخله فيخيف

بالاسد وهو علي شد درعليه اد تعرفه فانه مرقد استقعر امر عدن وتهاون به

اصحابه مثل ما يطاب وقيل الحور من الطيطوي نحال دمنه وكيف كان ذلك فقال

شترته روح ان طاير من طير الماء يدعي الطيطوي وكان له انثي في بعض

سواحل الحر غايت ان اوان بهم ما اعلمته ذلك وقالت ... له الجيش

مكانك اذا حرينا يجري فيه نقتل اني ابيكن ذلك في متزلنا هذا دار الحسيب

ولما نسافر بيع وذلك اذ رتن بنا من عنده فقالت له باغافل لجيش بظرك فيما

موله قازم بنا هذا علي عزران الحر لوقد هب نوا بنا فقال الا اراه

بابن اوي اسكت فلا اسمع منك ثم قال ابن اوي ولكني ايها الملك سا ـرلة ما شفي به
اليوم فقال الدبب والعراب لابن اوي اسكت والك قليل من اللحم بين العصب والدم
فقال الدبب ولكني ايطب جاوز دينا فقال العراب وان دينا فقال ابن اوي ما ايا فعل نفسه
فليا كان دينا فانه باجدح منه اكلوا بظل اجل انه اذا وال ذال مثل ما بعوله باكورله
نبه يخرج فقال اجل اجل ايها الملك بي شبعك دبطني طبه فكلس فقال الدبب والعراب
وابن اوي صدقت وكرمت بوشوا عليه نم فواكله ه

باني المشت رضاه وموافقته فلا يرضاه إعجب من ذلك إني إطلب محبته وا

سخطه فيغضب ويسخط إن كان ذلك عن غير سبب انقطع الرجاء

العله اذا كانت في رد هذا إن الرضا إلى إسبابها إصدادها ومن ذهب إحيانا

ونوجد والباطل عير مسعود ومذ ذكرت فلا إعلم ذلك فيما بيني وبين الاسد

الا ان كان خدبا ولع في ما استطيع إمدان يحوذ طظ حتى لا يغر ط

منه شبئا يكر همن فى ض الرجال العقل إلوقا اذا سقط صاحبه نظر في

ذلك وفي جرمه سعده وحتا كان وعدا زها من الفرصه منه والصفح

سبيلا أما حذ أخذ بإخاء رجل يحمل إلى العرى عنه فإن جان الاسد

ان فرطت وهي عاقبة التفريط واين الخلاص ولكن العاقل لا ينبط على
حال ولا يدع الاخذ بالراي في تعاونه وجعله ينظر على الدافع حتى
فالقيا هما على الارض عين بعيد من النهر ثم ثبت بيده منين اسهما واما
العاجين فلم يزل ———— في اقبال وادبار حتى عاداها ه

فقال الاسد قد فهمت ما ذكرت ولكن شبه به لا ينبغي بي مهناء
ولم اعلم به فقال د منه ما به ان رجل على ذلك الا الداله فان كان انزع صغيرا
الارض صنعته ولامرته شربه الا بلغته ايا ها فاين بين شي برتا اليه
الا اسكانك فان اللهم الكهور لا يزال نامعا حتى يرفع الى المنزله

ارحكن من الاسد فقل لها يادلك دلك قالت ان يامرن يذهب في ماليه بل
ان الرجي عليه مفظر لها هلاك دلك فانطلقت الارنبه متباطيه مساطره حتى
جاوزت الساعه التي كان الاسد يتقد فيها وجاء الاسد غضب وقام من رمضه
يمتني ويسظر فلما راها قال من عندك يليت وابو الوحوش فقالت من عندهل جبت
وهن قرب من مناك وهي بعض يارنب اليك فلما انترب اسمع ضوى لها الاسد فانترعها
متى فظر انه طعام الملك مشتبك ومناك قال ما اخن بهدا الارض فانتبل الاخرى
بعله قال فانطلق فاوربنيه ومهبت به الجب وفيه ماء مراه وفيه عمق فقالت
الارنب بعد اسكانه وهوفيه ونظر اذا اطلها ويرطلها وتشبالبه ولانسك

وانما ضرب لك هذا المثل لتعلم ان بعض الحيل ربما على صاحبها ولكن
اطلق ذات نفس جليا من جلى الناس بما داطونه به فاحتظفه والناس ينظرون
ثم مسر به حتى لدوتبسم مكانه ولاتقونهم قانم ستطلبونك حتى تنحى الحجر
الاسود قتزرى به عليه فانهم سيستقبلونه ويرجون لك منه قطار العرب
كطفاداري اراه على سطح تعتسل فاحتظف لها طلبا واجاربه فلم يزل
يرتفع وينخفض ولعلى في مقدار اليه ان تاجر الاسود خجعله ديه فلما انوا الناس
البخار والحلى ورديرار الاسود نايا على بابه فاهوى اليه رجل منهم نجر فقتله وانما ضربت
لك هذا لتعلم ان الاحتيال ربما جرى مالاحرى النفس ❀ فقال ❀ كليله ان
شنزبه لوكم لحم مع سيدتوربايا كان ذلك ولكنه اعطى مادار ذلك فضلا
وبذلا جميما ❀ فقال ❀ دمنه ان شنزبه لعلى ماوصف ولكن
اصرعه فأفعلت الارنبه بالاسد قال دبله وكيف كان ذلك ❀
❀ قال ❀ ومنه زعموا ان اسدا دار به ارض خصبه كثيره الوحوش
والمأ والمرعى وكان لد بعض شبله الاستوقات فانهم قايمرف وبما بيهس وبينه وقلن
له انك لن تصيب الدابه منا الابعد نصب وقد اجتمعنا له على منا والك فيه
صلاح ان انت اصفنا فقال انا على رمادلك فقالنا لا البك كل يوم
عند عذايك طلبه منا فرمى بهاذ وصاحبن وانفسه لك وريخاطب ثم انك سنا
اصلها بها القرعه فقالت لها ان انتل رفعتن بى ذا لا ديمس

فيقال إنما أفعل ذلك وجعل يجمل منها أشين بنطلق فى بعض البلالى

فيأكلها ثم أن السرطان قال إني قد استثقلت ما قد جذر رتبا منه

فاذهب بى فاحتمله العلجوم حتى اذا دنا من المكان الذى كان يأكلهن

وبه مصرعه نظام من مجموعه عليه فعرف أنه صاحبها وأراه موبده سلها

فيقال فى نفسه اذا الى المرء عدنا فى الموطن الذى يعلم انه أكثر فيها فمن حق

أن يقاتل كان ما وحفا ظاوا هوى بكلبته على عنق العلجوم معصره فوقع الى

الارض ميتا ورجع السرطان الى السمك فأخبرهن بصنيعه ٠

وان الاعلى لم يرفعله الولد لاذ ان المراة وان المراة ليس لقيم امان ان امرأ الحجام ليس روحها

لبس جاذع انفها لجخن قد قلنا ذلك بانفسنا قس ... الله القاضي

وهذه صورة القاضي و الحجام وزوجته واهلها والناسك

يخبر القاضي بما جرى

عن تفسير هذا كلامه في دنه د الناسك بالغضه كانها ... د مه

قد فهمت ما ذكرته و هو سببه ان باري ولعلي ما حاضر ان خبر نفسي و لعلى ... ك

احيله الان ... فالس ... كلمه اخبرني انت عن رايك في ذلك فقال د مه

اسا لفظت ال ... اليوم ان يزداد مثلي فوق ما كانت ولكن اريد ان اعود

الى خا لا ... لا لانه لبرح حقتى البنكر فيها والاحديث فيها ... النظر في اسعى

من اثر هرب في أهته عليه فيا وقامت اكاربه معه نجان المرأة بقصده شيها سم
قد كانت احد تعلن لشيعه في زمن طلال وضعها عليه ورا هاعلي المصبه
بدرتها وبح خرجت منه قبل ان يضغ نتار ذلك السمر في حلق

المرأة فاننه مكانها وكان ذلك يعبر النايشاك ثم اوطلق النار ين عاديا
في النار ليس يكنا كانا عبر مكانه ذلك فانساه ورجل اشكى في وقال الا مار اله اكرى
هذا الرجل واحسن اعتابه اليه نانه دعاني بعض احتها ين الي يساند بقم ولشتن
اصرف السارو كان الا مراه صدق ويخار زاد ما اي هما شها الما اصدر احا

علمته على ذلك اذا البقيا عليه الوحلان ما انتظاحها انه بلاء ثم مضى من وجهما في طلب

الرجل حتى جئنا المدينه مساء انزل بابله فاجر علمه فجاور وكان لها

جاريه تزاجرها وكانت الجاريه تد عشقت رجلا فاعى لا تزيد عن

ناصر الكذ ا اجزله فلما كانت تلك من جملة ارتبها فالتمست

فطلا كه في تلك الليله التي صانت فيه الفاسك منقده اجازيه

وايقان المشقة على الاسهر سرب البحر والبره وابواستيهون مقارنتهم باكيل الصعب البر الذي فيه الثمار الطيبة والمنابع النقوة والصعودا له سترعيدا والمناه فبداوني وهي . . . . . . فنادهين ما يذكرون رصدت فاظلت والكراع . اندهم لم يربسا الاهوال لم يتل الرغاب ومن ترك الامرالذي لعله يخرجه منه لم يصب حيبه ولم يبلغ شرفا وقد قبل الا امورا لا يستطيعها الانس الناس لا الا ادنى مونه من ان يفاع فه وتخرج من يعبه السلطان ودخان البحر ياخبنز ة العدر وقبل لا يبغي للداجل ان بره الموة ان برالازي يكايغ امان ابرمبه موضعا واماعه لعظام مرشبا فقال . . . . كليلة خان الاسد كان الاسد قال عند عليهم ثم ان انطلق حتى دخل على الاسد فسلم عليه فقال الاسد

وقلت للكاتب انّى عليه فاذا كان راس مصلاح زينه له وشجعه عليه ونهي على به
وسعد راى دينه واذا الم بالخوف فيه بصّره به مانيه من وجهه واردف ما اذا
وانبه ما فى اردّ هوا بان يورّثا من بعد ذلك افضل لما يرجى اعترى فان الرجل الادب
الذّكى وستان نظر اخيرعن الها خل لحيوانات على المصور الماهر الدى

بصور يه الحائط كانّها نازل كانّها داخله فى احيابه والدست بداخله وصور باخرى
كانّها خارجه ولدست به لحيه هذا احياء بدى الذاى الى عاى وتعرّى به قال
كليله اما اذا كان هذا هو كما تعنى بدركه لعد ظهر حطم وقد قلت ان انت
هو لا يجرى على عليه الا الموج ولا يسلم منه الا العاد يعه السلطان

مدان يشد بدا لوحل ومعجه تحله يتردها أنوران يدعاأحدهما يشترزبه والآخر
سيده بوجل يشترى به ريته فاستوجه الرجل واعوانه بعدمابلغ الجهد واشرف على

الهلكه ثم حلف عنده رجلا وامره ان يمنع عليه فان راه قد تغير والا
ادركه فيزكه الرجل على حاله واتبعه حتى يحده فاعلم انه مات وقضى نحبه
أذه ذلك فلما أكد حتى أتام حادثها المتفضلها على يده وكذلك

الفتاة عليه والسمين له وما نفاقه فيها بصلاح المعيشته ورضي الاهل و الاخوان ويعود عليه
في الاخرى نفعه فمن اضاع ذلك لم يدرك بدواه من الادوان وهو ما يكتسبه لم يكن له ما يعيش به ان
علوطنا عمر بنفعه فله الانفاق من شرعه النفاد كالحل الذي لا يوجد منه الاسبب با بالعاد
ثم هووسع ذلك يبيع الفنادق او يوا كسب واصلح ثم اسك عر وضعه فى اوله كان زين
بعد نفته اثم لا يمنع ذلك طله من ان يعادر قه ويذهب حيث لا يريد كالمكان الذي لا ان العلماء

تنصيب زيده قال لم يكن يخرج نفقه   نه بالعذر الذي لا يبنى لها يخلب وسائل
وغر من نوحى شترقو ورد مالنقن قد هب اعاص   ثم ان بيع التاجر العظواح واحد ياراى
ابيع فانطلق اكبر هم منوتها بنجاح الي ابي رض بنا   لها نوز مانه ك اظار نفقه علا

يفرضا باغبنا هوكذلك بهم باحيله لغشه ادبص يكون على صنعته يشام عسل

فتطع منه تشغله عن الفكر في امر الطمع وبسى لحيات التى لا يدرى من بابه بيوالجرى

وسرعة فتحها القفين وماهو ما بوا ليه فلم يزل السياسط حتى بها نشبت

ادبينا بالبحر الملح افانه سرورا او منالبف وتخاوبف وشبهت بالحضل بالحيوه

راكجرد الاسمود بالنيل والجرد الابيض بالنهار بعرضان الاجر والحيات مالطبايع الاربعه

لا بدرى عبيبى وشبهتها الشبص مالعبد الذى بصبر الانسان اليه ادار فعل فى اسفل

البجر وشبهت العسل باكهلى العطياله التى يصيب الانسان وتشغله عن نفسه وتفشه

اجرنه وتلهبه عن المعنى كلاصا فهذا اصح ما استطعت من عملى على اصادف

بما اما بى ليلا على هدارى وسلطا ناعلى يضيبى راءى انا على ابرن فاقت على ما رصعت

مثال وانه ونيش من بلد الهمندانى بلادى وانشين بركبها هذا الكتاب ۞

باب الاسد والثور

فال دبسلم الميكردنا العباسوف اجب بى بمثل الرطين المحانبس نقص

بينها اكدون الكدر بت وجملهم على العداوه فتطمادونذابوا بر اسال

انه كان بارض ذيشنا بد تاجر يمكن رونه كانالهسون الشعبرا فى ماله اجحية فما لهم ولابجم حد فك يور

به عليه وعلبهم تلامذه ابوبم ووعظمام وما الهمرانى ان ملحب يطلب ثلاثة

امورلن يدرك الا برابعه اشنا اما الذى يلتمس واسعه فى المعيشت

وتراد بى القهوه وامعزله بين الناس اما الاربعة الكسا بالمال بحلاء وحسن

وعدواب لايغتال للجاه نفسه ولبنسو لجلاس لها الاد ووضعيت الرا قليل المزه
ما عليه وله رنظرث فاذا هولا يبغ من ذلك الالد سيير وحقيره من المشرب والمطعم
والبصر والسمع واللمس وغير ذلك فالتمنت لمشيا لايشبه الاسد ابه فاداسله مثل
رجل اضطره خوف قبيل ابن بنذلا فيه ونظر بغضبنا بايدع على بسوم او بعت
رجاله على شي ع ها هافا داهو بار بعذ افاع بذ طلع بوسم رابخرترس ونظر الی
الغلها فاذا هو تنتبین فاخر ناه کره ورفع بصر فاداتی اصطلع رابیضو راسو د

135   40v

الىى نطفر بالبصقه فتحرم اليها النطر فلا انزل بها بعجبى يلفيها و كالاكله
من الـعسـل ينها السم الممىت فللذاىوسنه حلاوى وله ىها هوت دعان
و كاطم الساىع الذى تعزجه فى المنار ذاد الستىط انقطع ذلك عنه كالبرى
الذى ىضى قلىلا و يذهب وسشك و ستبار لحيبى فى الطلام معنا و كدوده الايسير
الىى ىزد د على معسها الالذ اردبعد اس لحروح فلما وقرت فى الك لحعت
نفسى فى احتيار العشاك وذا صها فقلت ساكون لبى ان ارمر الرىبا الى
العنسا اد انكن فى سنرور رهعا و عموها ب ههرب منه اليها ادا دكرت ما فيه
من الـعـىـق و المشقه فلا انزل بى نضرى و انقلاب لا الزم رايا ولا اعر مر عليه
فاحون كغالى بر والذى دسمع مر لحصمں ىفضى لـه على الاذر يسمع مں
الاحر فيقضى على لاوله فعر طرت فى الذى دعا ك مر لاد او لاحرى نفلت ما امع
هذا بى احذ الاد بره و فكرت بما انشر اليه النفس من اللهو والله نفلت ما افل
هذا مع ما ىتعوف مں الهوان و كيف لا يسعا الرحل مرا ره قلبه فاىه يورىه
حاى و تكىبى باوه ولوان ىىلاعر عليها ان ىعىر ماىه سنه لا ىاتى بملمه بىم
الا ىبيع فيه عو لانه ىنرط له انه ذا استرو ها حاس الم و المشقه و صار الى
الامں و المسرور و كان حهقاں لا براها سىا افكرك فلىك لا ىصير على ايام
ىسىره او لبيت الدىا لمها مضت و عذاب وان الاىسان ىنطلب ط الرىاس
حين ىكون حبا الا حيت يستوى رزقه و ابامه وانا ىحد فى كتـ

كان يمنعه ولم يدرك الذي أمل من عينه فهمته يخيبه عنه وخف من نفسي
الصغيربنه وقله الصبر عليه وارد نا المثوب على حال التي كنت عليها ثم بدا لي
ان يقيس بين ما اشفق الا اقوى عليه من الاذى والضيبة الى المشكله وس الذي
يصيب صاحب الفظايع الاكارها البلاؤها فيها والسرخه ما بالسبما وكان كفقا
عندك انه ليس من شقواها اها وانما شي الا دعو مضر ابطرها وايضا
كالما الماج الذي كل ما شرب منه المؤارد ادعطشا اوكاعظم الذي يصيبه
العطب ونبه رج اللحم فطلبه حتى بدي فاه ضلا بيشون له مسه الجرح وكلعراه

عند ايجاب فانطلق ابيه وما لقاه ثد رفع فقال لقد اشهدت ابي حيث
امرتني فلم احد يحيب فقالت له ايها المكاري وعليك سمعت لا اكد الحب النساء
به علي الشرب فقال لم تذري قد اقبل ذلك فقطع طينى فقالت
له وبحيك ايه ودع عنك الحزن والتردد فقال لها فطاطي علي وبرد علي حاله
بلا ان حتى دخل الرجل الروح فوجده قد وجعه ضربا ورفعه الى السلطان

فلما خفت ذلك راينه ان لا يعز رون اصبع على كل شي يشهد العقل
الله نثبت عليه اهل الاديان بيدي من الشرب والقتل والسرقه
ونفسي عن الفضول والكذب ولست الى عن الكذب وعن كل ما نفع كظر ما اداه

مع اشياء ذلك مما لا يحتمله العقل فقول يا كرقول رجل كان ناس لا اكل يعيب دلا علمه
فنال على ما نزون كانت على آباي فلم اجل للسوت على بر أبا سبيلا و ابنه حجه
ولا عدرا ردت الشرخ للعوده الحبنن عن الاديان والمه صها فعرض بي قرب
الاجل وسرعة انقطاع الدنيا ونيا بها وكرت في دلك نظرها اما نلع في
موتي يكون او سك من تفليى فى وقد كست اعل امور احوه اجوا ان ننظون
من هايم الاشياء العل يودد بي دشغلني عن امر كست انفله وبكون لاجل دوز حا طبخ
اليه اعل ارصبي طا اصاب الرجل الدى الدى زعم انه عشوا اسه دان بعل الحورت
له من بيتها اي الطبن سر با وحملت محزه عند حبث بى حا تة ان نطع
لحدود سنهها ادنعها ان زرحها بالباب فقالت لو حرج من تعزه الدى

ودعاء نجم الصديق فلما انصرف من الصديق لما امن ان يرفعني في
هلكة عدت الى البحث عن الاديان والتماس الهدا منها فلم اجد عند احد
من كلمة في جواب مسالة عندها ولا فيما ابتدا به شيا يحل علي في
عقلي ان ادلق به واتبعه فضلت اسأل اذا لبس معه احدها فان الراي
ان الزم دين ابائي وحهت بذلك ثم لم ارى في نفسه و جاوزات ان كان من
عا هذا معدق ان كان الذي يحد اماله ساخر بعد بلاد فيه طرفيه عني يحري

من الجمل والعبد له من الأدب والعلم ثم على الرجل إذا أدبه وعرفه وبالغ عابت

سنه أن يعلم به وينبغي يعرف من فضله ويجعله ما لا يعين به فإنه يقال لا

يبغي للعاقل أن يستكثر من العلم مال وإن كثر وعظم وإن العلم جلوا والعقل

كالحلو الورد كلما خلطه النار يزيد جهاد وإذا أوا رفع منزلته صلاحيه والعلم

حتى من استقله وسرعلم ثم لم يستعمل علمه لم ينفع به وكان بمنزله منزل الرجل

الذي يقال إن سارق إذا دخل عليه في منزله ليلا فانتبه وعلم بكانه فنا

لا يستكش عنه لا ينظر ما يصنع ولا دعنه حتى إذا فرغ مما لحد ذفت اليه فبعضه

عليه مقعدته فسكت عنه وجعل النار يطوف في البيت ويجمع

المتع طال نرداده في ذلك البيت تغلب الرجل النعاس نكان

عنه في ما طلب فتزع لخف كذا انت عليه فبسط يده ونصب احليله وصب باني
المدينه وكان في الخابيه البر فلما راى ذلك صاحب المنزل قال لبس الى
هذا صبر يعبه هذا الذ روحتمع على العرا واخرج والله ما اخرجها على احد الا
اصلحته ثم انه صاح بالسارق ووتب من مكانه وتناول خشبه كانت عنده رايسه

ثم عدا عليه وخرج السارق نهار يأفاتدها الرجل فليسمها واعادا البر الى
مكانه وليس ايضا ينبغى للعاقل ان يولى الى هذا المنثل ويدع مايجب عليه من
الطلب والعزا بأصلاح معاشنه ولا ينتدى من يساعد المقادير من غير
النهاس ارأك ذلك داوليك في الناس قليل والمحبور ومن يغبط نفسه في الطلب

ثم انهم يفعلون ذلك كل رجل منهم ما اطاق لينطلق به الى منزل
الرجل وحمل الاول فاول من الرجال ينطلقون باعوام الى منازلهم فلم
بلاء في ذلك حتى بعد الحين وانطلق الرجل الى منزله وبعد الفراغ فلم يجد
ثم منهم شيئا وجد كل منهم وراحنان ماحل كان على بعد لعله دا ينتفر
هذا الغنا في منتخب لب من حبيته السند وتم يباري امر فيه اريا في
فيباعونه ويذهب على الحافظ اذا اثراهم هذا الكتاب انتشه في سراه

وبعد على كافة من حضر فقام مرزجمهر على منبر عال على الناس فنشرا
عليهم باب برزويه فلما فرغ منه عجب ـــــــــ الملك من ذاك وجميع من

وهذه صورة على المنبر وحولهم
ما وقع قد مرز على غير

حضر مما صنف من برزجمهر من فضال وعقل وادب ورع ركال وبما
اجتهد ينه من شرح برزويه من غير تكرب ولا ادعا باطل واملا نجابن
سينه نزل على ـــــ والحال ثم فام اليه برزويه فقبل وابيه وشكر ـــــ
شيعه واقبل برزويه على الملك فتال اد راد الله اكرامه ايها الملك
واد بالغنى يكرامى بما صنعت ونـــــ ـــــ شرفتنى ورفقتنى فاسمى
وذكرى ابد ام فقد الكتاب فى الدنيا احسن الى عنى خران افضل سا

اس حکیم ورایدان یداع فی المجالس فان الشر وهلکت نفہ ہلاک الا الاذا
علی القلم سند فان ماکان اشد ماوقف علی الدین الکبیر اشد عنویہ فلیکن
عما بعد الامر لحکم الذی یجلبی الورد والصدر ائذ علی ان اشعکنا بہ فاعلم بہ
ابرید بائسہ عنی اجمال واعراض ولاشفاعہ قال بمرووبہ ان اہلی اذا مد حن
اللہ انی اذا کتم شر مصر یعد وبعد الامر ائدری تقدمت لا یطہ ابای اک اعتمد نت
وایک نصرت ومناک اجرا الخارج وصوا لا صمہ وخط جکم واراونی بعقالک
اعطفانہ اذا دارہطلت عناک اسنت علی یمنک فعدلک یشفق علیہ الصدری
ونسلم البہ کتاب کتیبلہ ودمسہ فلما ونع الکتاب بی بر روبہ لحند فی کابتہ

والاطالاً

مع ظهر امامه فداود شيبي معروف وحسبما وابي حيد يره اسعانات يا ميذيذ وفيض

حاجتك وانه لمعرض الى الاقران الامر الذي قدمت له هو عنبر ما نظره منك

فقال له برو وبه ما اريد ان اثبتك يظهر من امري بشيا ورق ما اثبتك واعطاك ابي حيث

لا مرو هو عنبر ما اري يظهر مني لك والعاقل يكتفي من الرجل بالعلامات الطامس

فيه من نظر وامتظاره في سبيل ذى علم نس عنه ومالغ يحر يجمع عليه ه قلبه

فقال له المهدي ابى ان حسنت لم امدك حضورك علم اخبرك بما جيت وانا

فضل وانما ايكتم امل و نظر عينه وابر اكن لجيعا لي وكني ا رعنه جا اتبااك

كرمت مان اول عمله بان يذ ظهر بان ىد ظهر ماشم وانه نقل استان يطالبت وبه

والمسبله عن جنب المكان وعجزهم عن علم الله ورفع عنهم عرب ولقدقدم إلى بلادي في طلب بانجول ولا
وله جناح إلى معونتهم على بطلب من نكت وثبت الهم ارشده إلى جنبه إلى جنبه مع الدى
ثم انه لما قدم لاجله وكدا بنه عنه ولم يرك على ذلك حال بنباطو بلا تادب بلاوب
اعلم ويسعاني بعلم ما عرفنه وكين عن بعينه وبحمد انه لطول لبينه إبسا
لمنحله احمد قشم من اهل الهند من احكار دارو سلم الاشراف والشروه اهل
كل صمعه انه لنار بزم بهم وبحد اشربه الى الحمضه بونهم بعظم لصدقه كان
يبدى لله بهم بخط ابنه باجل معمد وكان برزويه قد عبرزاده ويسمى المطهر وكان استثر
دلك لرجل الهندى وزاويه وكان صاحبه شرم وسنوره ماطرا من علمه وفضله وحبه
يردنه وفضاله بمنعفه كان ذلك الرجل ناسرح في نهد ابوس ويسارع البمه صما
بقينه الا انه كان يكتبه الامر الذى قدم لاحله وكان دكان به بالبطن بالبطن لبسطر
على بيه موضعا الاطلاع على شرع لم يرك له ذلك يحقى ويش يه وبعم الله استودع
لسترم يصغا ونبنام انه لما يطالب يه محر اوبا بسبيل يسعف وبا استغنا
مبتة يمنه ابا علم انه ذلك واستونش بن كمان شرح دادك
انا وبشراته وكان هذا عظم النعقه مع طب الاله الطيبه فى الله بالاصدقا
لاجل هم على الطعم والشراب وبه من منا من بطلب النفاه منهم بظم بيض بطن
قلبهم وبرحع إلى مدينه وذكك ما ورد عليه لكنه نشر عقله حقى ثم هواطان
البه عام احلب لوبا واحاسان بانلى بانلى ثما من تنا ت
فقال الهندى لبرزويه فى بعض اقواله يا اخى لازلت برادك

واسس الحياة والدين هدين يجمع عهد عامر بن جوالة الادب وجوامع فنون
العمر وكنوز العلم ورغام الفصله وكمال المرؤ والحفظه والنصر زالله بعد الله والفطنه
والدرايه والتلطف ولتنا الشرح يخص اكدى فلاا ام هزيه وراايعلى
ان ينبنى من برحاديم مثال اهل مملكنه ان يجنو ويحيه والله فى جميع مملكه
رجالاذو حوى شد الحصال وايمان يجون من هزين الصنفين لم يكن يتاخر
اوحيه فبلسورة رفا بلسان فارس والهنا يخرج اهل مصوره بدون الراى سن
خصد يفو على الحال حتى او امر حال شابه حمد الوجهه زواداب وحسنه
وكهانه و الطب يعرف لسان الفرس والهند يستمرين روند ابر د ذهك

صورة كسرى الفرس
وبروزيه الحكيم ين
بيده بخاطبه ويامر
السفر الهند

س روس طبا فارس وابس ابنا بها نبر اها خلا اضا عن كسرى خطا له
شاجداد اسلام الملوك فغزبه الملك اليمه اذنا مسه وايمه با بلفرسس